異端の時代
——正統のかたちを求めて

森本あんり
Anri Morimoto

岩波新書
1732

目次

目次

目　次

序章

正統の腐蝕
現代世界に共通の問いかけ

アメリカのイラン核合意からの離脱を表明するトランプ大統領(2018年5月8日，ロイター／アフロ)

1　変質する政党政治

米大統領選挙に問う正統

現代の政治は従来の常識をさまざまに塗り替えつつあるが、その変容ぶりを示す出来事のなかでもひときわ大きかったのは、トランプ大統領の登場だろう。二〇一六年一一月、一般メディアの報道だけでなく、大方の専門家の予想をも見事に裏切って彼が第四五代のアメリカ大統領に選出されたときには、全世界に衝撃が走った。

その背景には、増大する所得格差や教育格差、グローバル化による低賃金競争の圧力、中国の台頭によるアメリカの相対的地位の低下、移民の大量流入と福祉支出の増加などが挙げられている。かつてアメリカは開かれた機会の国であった。自由と繁栄を求めて努力すれば、誰もが報われる社会であった。しかし今、「子どもは親よりもよい暮らしができるか」と尋ねられると、四人のうち三人が「そんな自信はない」と答えるのである。人びとは、「アメリカン・ドリーム」がただの夢にすぎなかったことに気づき始めている。

前世紀末から緩やかに進行してきたこの変化を、うすうす感じ取っていた人もいる。だがそういう人も、これまでのリベラルな常識が妨げになり、表立って移民排斥や保護主義の声を上げることはできないでいた。トランプは、政治環境の変化に戸惑っていた人びとの屈折した本心を読み取り、それを小気味よく代弁してくれたのである。イスラム教徒排斥発言で物議を醸した際には、彼の人気は陰るどころかさらに高まった。

もともとアメリカ人は、自力でのし上がってきた人物を好む。世襲のカネやコネによらず、自分の才覚で成功をつかんだ人が、自分で稼いだ資金を使って自由に発言し行動するのは、正しいことで美徳なのである。この価値意識は、「成り上がり者」や「にわか成金」を冷たい目で見る日本やヨーロッパとは少し異なるところである。メディアへの対応を心得たトランプは、一般大衆がそのような大舞台の立役者を待望していることを肌感覚で悟っていた。

トランプの政治姿勢は、一貫して政治や経済の中枢にいる主流派に対するアンチテーゼである。これは彼自身が権力の頂点となった就任後も変わらなかった。打破されるべき既存の権力構造は、アメリカ国内にも国際社会にも依然として存在する。それらの権力エリートは、たしかに手慣れたプロフェッショナルかもしれない。だがそれは、内輪の論理と大口の献金で手足を縛られている、ということでもある。そのしがらみを断ち切ることで、自分は現状の停滞を打破することができる、というのが彼のアピールなのである。

エスタブリッシュメントに対するこのような反発は、アメリカ的な反知性主義の伝統からすると、ほとんど古典的といってよい。この伝統には、一九世紀にはじめて開拓地出身で大統領になった無学なアンドリュー・ジャクソンや、極貧の生まれで大リーグ選手からキリスト教の伝道者へ転身し二〇世紀初頭に活躍したビリー・サンデー、そして戦後の資本主義をのびやかに謳歌した「積極的思考」の伝道者ノーマン・ヴィンセント・ピールといった人物がいる。トランプはこの系譜の嫡出子《ちゃくしゅつし》である。

「共和党らしさ」への問い

だが、トランプ大統領の登場は、もう少し深いところで現代政治の本質的な変化を指し示しているように思われる。それは、政党政治の腐蝕《ふしょく》である。

トランプには、政治家としてのキャリアはまったくない。過去には民主党に献金したこともあるし、大統領選挙には共和党でなく無所属で出馬することも検討していた。彼に党派的な忠誠心を求めるのは、そもそもお門違いというものだろう。

では、なぜ彼はそもそも共和党に所属しているのだろうか。イスラム教徒に対する差別的な発言を繰り返したときには、下院議長や元副大統領といった共和党の重鎮たちからも批判の声が上がったが、それでも彼を共和党から追い出すという話にはならなかった。アメリカの政党所属は、党費の支払いや党員登録で決まるものではなく、もっぱら本人の自己表明に依存しているため、それを差し置いて党の指導者が誰かを「党員ではない」と言うことはできないのである。

それでも、共和党員にどこかしら「共和党らしさ」を求めるのは自然なことだろう。選挙になると、候補者討論会ではしばしばＲＩＮＯ(Republican in Name Only)つまり「名前だけの共和党員」を揶揄《やゆ》する野次が飛ぶ。同性婚や妊娠中絶、銃規制や健康保険制度といった争点で、候補者が少しでも中道ないし左派寄りの発言をすると、さっそくこの呼び名で叩かれることになる。ＲＩＮＯの発音がRhino(犀《さい》)と似ているところから、こういう「似非《えせ》共和党員」を捜し出すことをRino Hunting(犀狩り)と呼び、ウェブには(共和党員らしく)ライフル銃をぶっ放す物騒なパフォーマンスの映像も流れている。

つまり、共和党の党員には似非と本物とがある、ということである。共和党員には党員として体現すべき「共和党性」がなければならない。これが「正統」である。この正統性の外に立つ者は、本来みな「異端」のはずだが、近年はその間の線引きが曖昧になってきている。トランプに「犀狩り」の銃口を向けようとする人がいないのも、彼個人の力量のゆえというわけではないだろう。人びとはもはや、共和党の正統性を維持することに、あまり関心を抱いていないのである。

問題は民主党にも共通している。二〇一六年の大統領選挙で一時はヒラリー・クリントン候補をも凌ぐ勢いだったバーニー・サンダース候補は、選挙戦が始まるまで民主党に所属していなかったし、その立ち位置は民主党の政策理念と必ずしも整合的でなかった。彼の当選を願って集まった若い支持者たちの本音は、民主党の勝利というよりサンダース個人の勝利だったのである。もはや共和党や民主党がどうかという話ではない。アメリカ政治を長年にわたり規定してきた二大政党制そのものが制度疲労をきたしており、以前のようには機能していない、ということである。

日本の場合

同じような現象は、日本にも例がある。「自民党をぶっ壊す」と宣言しつつ、総裁選に勝利した小泉純一郎である。二〇〇一年に組織された小泉内閣は戦後歴代一位の支持率を記録したし、その後の郵政民営化を焦点にした総選挙でも、彼は「小泉劇場」といわれる大衆へのアピール力により圧倒的な支持率で再選された。自民党の正統性は、ここで小泉色に塗り替えられたことになる。

民主社会における政治は、選挙による多数決を正統性の根拠としている限り、ポピュリズムの影響を完全に排除することができない。それでも日本の政党政治には、選挙の結果だけで党のありかたが左右されるという事態を緩和するメカニズムが組み込まれていたように思われる。それは、政府と与党の二元体制である。与党は、選挙によって立てられる公的な政治組織とは別に存在する権力機構で、その実権は幹事長などの党三役や派閥の長に握られている。いくら大衆に人気のある候補でも、これら党の重鎮たちが「否」と言えば、選挙で党の公認を得ることは難しいだろう。アメリカの政党組織には、これに比較しうるような独自の権力機構が見当たらない。日本のこの二元体制は、しばしば議院内閣制の形骸化や官僚機構の肥大化を招いたと批判されるが、政党の正統性(駄洒落ではない)を安定的に維持する点では、一定の役割を果たしていると言うことができる。

ただし、安定しているだけに、変化は起きにくい。戦後日本の政党構図は、二一世紀になっても基本的に変わっていない。一強多弱への懸念をもつ人びとは多いが、その懸念の受け皿となるべき統一野党はなかなか組織化されず、政権交代の実質的な選択肢がいつまでも浮上しない。その原因は、個々の政治家の資質や能力の問題である以前に、既成政党や選挙制度全般に対する大衆の不信や諦念であろう。だから大量の浮動票が生まれるのである。

代わりに人びとの注目を集めるのは、これまで政治とは無関係と思われた大学生や子育て層が関わるアマチュア政治である。昨今では、デモに参加することをライフスタイル的な自己表現の一環と見る若者もあり、それはそれで民主主義の進化なのかもしれない。エスタブリッシュメントに対する不満という点では反知性主義とも通底しているが、その活動はいかにもアマチュアらしく一時的で、持続的に政権中枢を担う勢力にはなり得ない。そうすると、結局は特定個人政治家の人気にあやかった露骨なポピュリズムに足をすくわれることになる。

2　反知性主義の行方

批判と形成のバランス

トランプ大統領の登場が露呈させた「正統の曖昧化」は、本書がこれから辿ってみるように、実は現代世界の至るところで起きている現象の一端にすぎない。これまで当然視されてきた組織や権力は、さまざまな領域でその通用性を失いつつある。とりわけ政府や公共機関、その道の権威とされてきた専門家や職能集団に対して、人びとは以前のような無条件の信頼を抱いていない。反知性主義は、このような人びとの権威に対する不信と反発を養分として急成長を遂げてきたのである。

これまでわたしは反知性主義をめぐる論述を繰り返してきたが、最近は「その先に何があるか」という問いをより強く意識させられるようになった。「反知性主義」という言葉は、昨今の日本では相手の無知を罵倒する時に使われる気の利いた台詞のようになっている。そういう使い方も間違いではないが、この言葉が誕生した当時のアメリカの文脈では、もう少し別の意図が込められていた。本来の反知性主義は、知性そのものではなく、知性と権力の固定的な結びつきに対する反発を身上としている。つまりそれは、知の特権階級化に対する反発であり、既存の知的権威への反発である。その反発のバネとなっているのは、「神の前での万人の平等」というキリスト教的な信念であった。この宗教的に裏付けられた信念の爆発力が、地上の権威を吹き飛ばし、新たな知への冒険を促すのである。

そこまではよい。因習の停滞を打ち破って絶えず改革へと突き進む開放性も、アメリカ的な精神の美徳の一つだろう。だが、それが社会の全体的なバランスを突き崩すほどに亢進《こうしん》したら、その先には何があるのだろうか。

かつて一八三〇年代のアメリカを訪ねたフランス人トクヴィルは、アメリカ人ほど幸福の追求に熱心な国民がいないことを認めつつも、その落ち着きのなさは「異様」で「ほとんど悲しげ」だと評している(トクヴィル 一下：一三三頁、二上：二三三―二三四頁)。人びとは、老後を過ごすために家を建てながら、完成を待つことができず、まだ屋根を葺《ふ》いているうちにその家を売り払ってしまう。果樹園を作り、もう少しで収穫を味わえるという段になって、それを貸しに出してしまう。苦労して専門職に就き、引っ越してある土地に落ち着いた途端に、次へ移ることを考え始める、というのである。旧世界の人間なら、自分が願っていたものを手に入れれば、まずはそれを喜び抱き、ゆっくりと成果や余韻を楽しむことだろう。そのような安楽の時は、アメリカ人には生きている間は訪れない。

それでも、この時代の人びとは、家を建て、果樹園を作り、事業を立ち上げた。彼らが次の地へ移った後には、それらが残され、継続的な発展が続けられていった。批判と形成、委棄《いき》と建設のバランスが取れている限り、やがて社会全体の基盤が整備されてゆくはずである。だが、十分な成熟を遂げた今日の社会で、二つのモメントのうち一方ばかりが働くようになったら、その後はどうなるのだろうか。

権力の衰退

モイセス・ナイムの『権力の終焉』は、この事態の全世界的な拡散を指摘した衝撃的な報告である。ナイムはベネズエラ出身の外交専門家で、長く『フォーリン・ポリシー』誌の編集長などを務めた人物だが、国家や政府に限らず民間の運動団体から企業や教会に至るまで、従来の権力が劣化し社会の構成力が摩耗《まもう》していることを証拠だてて論じている。

ナイムによると、現代の権力は、否応なく市場原理に晒《さら》され、メディアの監視のもとに置かれ、一般市民への説明責任を負わされ、新たな対抗勢力の出現に脅かされている。これらはみな、インターネットや携帯電話の普及、安価な外国旅行、物資や情報の自由な交流、識字率や教育水準の向上といった共通の背景をもつため、権力の衰退は先進諸国だけでなく全世界的に見られる現象となっている。アメリカ合衆国の大統領すら例外ではない。たとえばケネディ大統領には、クリントン大統領も顔負けするほどのセックス・スキャンダルがあったが、現代の倫理感覚ではとうてい信じられないことに、彼の時代にはそれが大統領のプレスティージの一部として容認されていたのである。

世界規模で見ると、主権国家の数は第二次大戦前に比べて四倍に増えた。多国間協議では小国も大国と同じ一票をもつため、マイクロパワーが力を奮うようになり、メガプレーヤーの裁量は限定的にならざるを得ない。これまで「最後の切り札」であった強大な軍事力ですら、人里離れた砂漠や自国の都会に潜むごく少数のテロリストが相手となれば、ほとんど役に立たない。ビジネスの世界でも、伝統的な巨大企業が小回りの利く新興企業に屈し、大企業のＣＥＯはトップの座に長く居座ることができずに交代を繰り返すようになった。

参入障壁と期待感

かつては、高度な知識や技術、豊富な資源や優れた能力をもつ者だけが入ることを許される特別な集団や分野があった。それが今や、誰もが平等に挑戦する機会を与えられることが望ましい、と考えられるようになっている。「参入障壁」が低下して新しい挑戦者や競争者が増えれば、旧来の権力が既得権を守り切れなくなり、相対的に訴求力を低下させるのは当然である。人びとは権利意識に目覚め、移動と情報の自由を手に入れたおかげで、自分の置かれた状況に満足したままでいなくなった。開拓時代のアメリカ人と同じように、「どこかにもっとよい暮らしがあるはずだ」という期待を抱いて現状批判を募らせるのである。ナイムはこれを「期待感の革命」と呼んでいるが、その批判的精神は反知性主義のもつ批判力とも重なってくる。

「参入障壁の低下」と「期待感の革命」という二つの特徴は、アメリカの大統領選挙でも如実に確認することができる。かつて大統領選挙への出馬には、全国的な知名度に加え、大企業の献金と組織的な集金マシーンが不可欠だった。しかし、二〇〇四年に本格化したインターネット献金制度により、今や一般市民からの小口献金で誰でも膨大な資金を集めることができるようになっている。大衆を取り込んで広く薄い資金集めをするためには、有権者に途方もなく大きな期待感を抱かせねばならない。「公立大学授業料無料化」や「国民皆保険制」、果ては「国境に壁を作ってメキシコに費用を支払わせる」に至るまで、選挙公約が実現可能性を度外視して過大になりがちなのは、そのせいである。

異端であることの代償

既成権力の衰退と訴求力の低下は、世俗的な領域にとどまらず、教会や宗教団体にも広がっている。カトリック教会では、司祭たちの性的腐敗が暴かれ、彼らの精神的な権威は地に墜《お》ちた。長くコミュニティの中心的存在であった主流派の諸教会は、どこの国でも縮小の一途を辿り、代わりに急成長を遂げているのは、ペンテコステ派やカリスマ派などの自由教会と、既存の教派によらずに自生した独立教会である。これらの教会は、外部とのヒエラルキー的な連合をもたないため、自分の地域や特定の対象層にターゲットを絞ったメッセージを発信することができる。なかには、キリスト教本来の普遍的な使信を大きく歪めるほど地域性に特化したメッセージで人びとを集める教会もある。

要するに、「異端であることの代償が小さくなった」のである(ナイム 三二五頁)。人びとは正統である必要を感じず、正統であろうと努力することもない。「みんな違ってみんないい」のであって、正統であろうとする努力こそ、自分や周囲に抑圧をもたらす根本悪なのである。多様性を認める社会は、たしかに多くの人にとって居心地のよい社会かもしれない。だが、それぞれが「自分ファースト」の小集団に閉じこもり、既存の体制や組織が疑問に付され、公共機関や司法制度に当然のものとして前提されてきた正統性が失われることは、どこまで社会の健全性と両立するのだろうか。貨幣制度が人びとの信認の上に成立しているように、政治制度も民の信なくして立つことはできない。

極端にリベラル化した二一世紀の民主社会は、イスラム過激派や中国の覇権主義という外からのリスクよりも、求心力を失った社会が内側から思わぬ反動を生み出す「内爆」のリスクを抱えている。ナイム自身が結論的に出した処方箋は、「統治者たちを信用して彼らにもっと多くの権力を与える」というものだが、いきなり躊躇《ちゅうちょ》なくそれに同意できる人も多くないだろう。同書の題名に権力の「衰退」ではなく「終焉」とあるところからすると、実は彼自身もその処方箋の効力をあまり信じてはいないように思われる。はたして、衰退したものを回復することはできるのだろうか。

正統の生態学

「正統」と「異端」は、元来宗教の領域で用いられてきた術語だが、本書ではこれを社会一般に前提されている信憑性《しんぴょうせい》の構造に関わる言葉として用いている。その適用範囲は次章以降の議論に委ねるが、この言葉を支配や統治をめぐる政治思想の領域で用いた論者の一人に、丸山眞男がいる。丸山の正統論は、何度か予告されていながら仕上げられることなく終わったが、講義や対談の記録からその概要を読み取る限り、きわめて興味深いものである。本書は、彼が政治学や政治思想史の側から見ていたものを、神学や宗教学の側から捉え直す試みと言えるかもしれない。

正統や異端という話になると、しばしば抑圧や迫害というおどろおどろしい話になりがちだが、それらは娯楽映画のテーマに委《まか》せておいた方が無難である。キリスト教の伝統を検証する限り、正統はある時いきなり権力者が密室に集まって決めればできあがる、というものではないし、異端は強権による迫害を受けて不当な烙印を押されたから異端になる、というわけでもない。正統も異端も、それぞれにふさわしい担い手があり、人びとに認知されるプロセスがある。どちらも、ひとたび確定したらそのままの姿で存在し続けるものではなく、環境に即応して少しずつ変貌を遂げる。生きて機能している正統には、この変化を管理する独自のシステムがあり、自己を体現するための有効な象徴の操作力がある。

本書のねらいは、こうした正統のありかたをいわば生態学的に捉えて分析することである。正統は、生命のない物体ではなく、死んだ標本でもない。生きて呼吸しており、成長して変化する。必要なのは、正統をその生きた環境の中で動的に捉えようとする「正統の生態学」である。生物を環境との相互作用において研究するように、正統をその固有な文脈の中で観察することである。

本書の概要と構成

以下の論述では、まず丸山の正統論を読み、文化や宗教の違いを超えて問題の切り分けに有用な概念の道具をいくつか入手しよう。その過程で、日本人が「異端好み」である理由も照らし出されるはずである。

次いで、初期キリスト教の展開を神学史的に通観する。正統と異端は、どのような順序で形成され、誰によって定義されるのか。正統の発生と継承を問うことは、異端成立の存在論的・認識論的な与件を問うことでもある。正統と異端との線引きはどのようになされ、個人や集団の権威はその定義にどう作用したのか。

本書は、正統と異端に関する通俗的理解への挑戦を含んでいる。読者がここで、それまでの理解や印象に修正を迫られたと感じられたなら、本書の目論みは成功したと言えるだろう。政治と宗教とのせめぎ合いは、ヨーロッパ中世史を貫く重要主題の一つであった。そこで本書中段では、正統性と合法性との区別を見極め、正統の担い手について新たな視角を開いてくれた中世神学の洞察に学ぶこととしたい。

最後に、宗教学や宗教社会学の視点から、現代における正統と異端の位置づけがどのように変化し交錯してきたかを検証しよう。かりにもし、本書冒頭で指摘したような権力の衰退が聖俗両面において不可逆的に進行しているとすれば、今後の社会に共通の妥当性や把持力《はじりょく》をもった正統は存在し得るのか。多軸化し多極化する現代社会は、エントロピーの法則に逆らうことができず、必然的にカオスとアノミーへ向かう他ないのか。もしそうでない可能性がどこかに存在するのならば、特に二一世紀の日本が形成し維持すべき正統とは、いったいどのようなかたちをとるのだろうか。

第１章

「異端好み」の日本人
丸山眞男を読む

丸山眞男

1　「L正統」と「O正統」

重層的な文献理解

今日、丸山眞男を読むのは、やや込み入った作業である。それは、丸山が遺《のこ》した文章を読みつつ、彼が読んだ福沢諭吉を読むことであり、その福沢が読んだギゾーやバックルを読むことであり、次に福沢を間に立てずに直接丸山がそれらを読んだ結果を読むことであり、そして今度は読者自身がそれらを順に辿り直して丸山の読みを検証することだからである。

これらは先人の書を読む際にはいつでも要求される努力だが、存命中から多くの弟子や対論者に囲まれ、没後ますます毀誉褒貶《きよほうへん》が飛び交うようになった丸山のことである。それらの研究者たちの丸山解釈を入れ子状にして読み較べるとなると、さらに手間のかかる作業が必要になる。わたし自身は丸山論を生業《なりわい》としていないので、こちらはその方面の専門家たちにお委ねする。ここでは丸山が正統と異端をどのように理解していたかを探り、彼がそのような考えに至った経路をできる限りていねいに辿りつつ、本書後段で同じ経路から別の読み方を引き出すための道備えをすることとしたい。

神道史における正統と正理

丸山の「正統」への関心は、敗戦直後に書かれた「超国家主義の論理と心理」にすでに表れている。そこで彼は、正統性(Legitimität)と合法性(Legalität)とを区別し、近代国家では政治的な支配の正統性がもっぱら合法性に依拠することを指摘しているが、その是非に立ち入った議論まではなされていない。正統性と合法性の関係については、本書でも中世神学を扱う第六章であらためて取り上げる予定である。

丸山は一九六五年度の「東洋政治思想史」講義において、南北朝時代の公卿《くぎょう》・北畠親房《きたばたけちかふさ》の『神皇正統記《じんのうしょうとうき》』を取り上げ、「正統《しょうとう》」と「正理《しょうり》」という二つの術語を導入している(講五:二九一―二九三頁)。飯田泰三の「解題」によると、この部分は丸山が戦前に書いた原稿を下敷きにしているとのことであるから、その着眼時期はさらに遡ることになろう。ここで「正統」は血統や世襲という事実的発生の論理であり、「正理」は特定共同体の利害を超えた客観的規範の論理である。丸山の正統論といえば「L正統」と「O正統」だが、その区別の枠組みはこの頃にはすでに出来上がっていたことがわかる。

あらかじめ先取りして「L正統」と「O正統」の区別を説明しておくと、L正統とは権力継承の正閏《せいじゅん》を問うlegitimacyの問いであり、O正統とは教義解釈の正邪を問うorthodoxyの問いである。丸山の言葉を直接引用すれば、L正統とは「統治者又は統治体系を主体とする正統論議」のことであり、O正統とは「教義・世界観を中核とするオーソドクシー問題」のことである(集一一:二五二頁)。

この時期の丸山の神道史理解では、「正統」がL正統に、「正理」がO正統にあたる。「正統」の論理によれば、神国日本は天照大神《あまてらすおおみかみ》の神勅にはじまる万世一系の世襲連続性を天皇統治の根拠としている。しかし、南朝の正統性を訴える親房にとり、現実の支配が常に「正統」を体現していると考えることはできない。「正統」の歴史は簒奪《さんだつ》により一時的に乱れることもあるが、長い目で見ればそれも「正理」が実現してゆく過程の一部だ、というのが親房の理解である。すなわち、「邪なるものは久しからずして滅び、乱れたる世も正に復《かえ》る」。

同時に、支配の正しい継承には、血統の連続性ばかりでなく、鏡・玉・剣という「三種の神器」の正しい授受が不可欠である。この三種は、言うまでもなく単なる品物ではなく、それぞれ正直・慈悲・智恵という三徳を象徴する「神器」、カトリック的な理解でいえば「サクラメント」である。統治の正統性を保証するのは、あくまでもその神器に象徴された仁政であって、系譜ではない。ここに、血統による正統性(L正統)とは異なる規範的な正統性(O正統)を主張する親房の「正理」論がある。

「正理」論の貴重な事例

では、正理のヘーゲル的な自己展開であるはずの歴史に、なぜ皇統の簒奪ばかりでなく皇胤《こういん》の断絶というさらに重大な不条理が出来《しゅったい》することがあるのか。親房によれば、実はそれも「天照大神の御計」である。日本は神国といえども、正系の中に不徳の子孫が生ずることがある。そのような場合には、ひとたび直系の皇統を絶えさせ、傍系の中から有徳の君主を選んで後継させるのである。このシステムによって、皇位の垂直的な連続性と同時に、皇統内の平行移動による規範的な有徳性が確保される。ここでは、血統的な「正統」の論理と規範的な「正理」の論理とが巧妙に案配されている。

転変する政治情勢のさなかにあって、正統と正理という相異なる論理を調和させようとした親房の思想には、多少とも中途半端で矛盾したところが見られる。しかし丸山は、その努力をほとんど革命的とも言うべき新たな歴史哲学の表出と受け止めている。正理論の導入により、諦観的な末法思想に彩られていた中世の歴史観は、現状の否定に終始することなくその変革をうかがう能動的で倫理的な参与志向へと転回せしめられているからである。『神皇正統記』の意義は、三種の神器による徳治論にせよ、あるいは有徳の傍系皇位論にせよ、血統的な「正統」に解消されることのない規範的な「正理」の論理をうち立てたことにある。それは、日本思想史に普遍主義的なO正統が芽吹いた数少ない事例の一つであった。

もともと神道には儒教のような根本教典がなく、仏教のような開祖もない。神道は、村落共同体の氏神祭祀として儒仏の導入以前から存在したが、中世には本地垂迹《ほんじすいじゃく》説により仏教と習合し、近世以降は儒教と深く癒着するようになる。この融通無碍《ゆうずうむげ》な歴史は、「言挙《ことあ》げ」を避けて教義を論じようとしない神道の根本性格による。

とはいえ、なかには伊勢神道のごとく、明確な教義的輪郭を打ち出そうとする試みもあった。その典型例が『神道五部書』の創作である。太古からの伝承とされた同書は、すでに江戸時代の国学者吉見《よしみ》幸和《ゆきかず》が暴露したように、鎌倉時代の度会行忠《わたらいゆきただ》らの筆になる偽作であることが知られている。伊勢神道は、根本教典という位置づけをもつ書物の存在を仮構することで、みずからが単なる伝統的継承を超えた普遍的な規範を基本とする宗教体系であることを示そうとしたのである。丸山にとってそれは、本質的にL正統であるものにO正統の装いを纏《まと》わせようとした努力の表れであり、日本の伝統にO正統の存在が希薄であることを示すいま一つの証拠となっている。

政治と宗教の交錯

正統論に関する丸山のまとまった論述となると、晩期の「闇斎《あんさい》学と闇斎学派」と、その少し前から始められた福沢諭吉『文明論之概略』読書会の記録に頼ることになる。「政統」という福沢の独特な訳語も、双方で同じように紹介されている。これは、福沢が英訳で読んだギゾーのpolitical legitimacyという用語にあてた訳である。今日の言葉遣いでは、倫理的な意味で使われる「正当」と、政治的な意味で使われる「正統」という二つの漢語が混同されやすいが、もし福沢の「政統」という訳語が廃《すた》れずに使われていたら、この区別はもう少しはっきりしていたはずだ、というのが丸山の評価である。おそらく、もう少し踏み込んで彼の本音を聞き取ろうとするなら、現在の「正統」には「正」という字をあてるほどの規範的な性格はない、ということかもしれない。

なお、L正統を政治的正統性、O正統を宗教的正統性、と簡便に読み替える向きもあるが、どちらも宗教や政治というそれぞれの領域をクロスオーバーして発現することには注意が必要である。丸山の関心は、政治的な権力が宗教を含む非政治的な一般文化価値とどのように対峙し交錯するか、という点にあったから、正統をめぐる議論にもこうした越境や組み合わせがはじめから前提されている。

たとえば、丸山によれば、正統と異端の論争は、コミュニズムには起きるがファシズムには起きない。コミュニズムは特定の民族や国家を超越した普遍的な真理を主張するのに対し、ファシズムは特定の民族やその伝統を絶対的価値とするからである。中国とソ連がマルクス主義へのコミットメントという真理規準でお互いに「自分こそが正統である」と対立することはあっても、ドイツとイタリアが真のファシズムをめぐって正統争いを繰り広げる、ということはあり得ない。ソ連の体制内からスターリン批判が起こり得たのは、ちょうど中世カトリック教会に対する宗教改革の挑戦が、聖書という普遍的な源泉に立ち返ることで可能だったのと同様である。これに対し、ファシズムの中では、「世界に冠たる」ドイツと「万邦無比」の日本の国体はそれぞれ別個の価値なので、このような正統争いは生じ得ない。

正統と異端の通俗イメージ

もちろん、宗教やイデオロギーの対立であっても、中世キリスト教史における長い権力闘争がよく示しているように、O正統をめぐる議論の行方がL正統の権力に左右されてしまうことはある。儒学のように、学問としてはO正統をもつが、その中心的な教えが「治国平天下」を論ずる政治思想であるため、L正統に転化しやすいものもある。山崎闇斎の門人であった谷秦山《たにじんざん》が「天地ノ正統ハ即《スナハチ》君臣ノ正統、君臣ノ正統ハ即天地ノ正統ナリ」と断じたのは、その一例である(集一一：二七〇頁)。

結局のところ、正統と異端との戦いは、洋の東西を問わず昔から「自分は正統、相手は異端」というレッテル貼りに終始する、というのが相場なのかもしれない。福沢も、「孔孟のいわゆる異端……も、孔孟より見ればこそ異端なれども、異端より論ずれば孔孟もまた異端たるを免《まぬ》かれず」と言い、あるいは「近くは我日本にても、水戸の藩中に正党姦党の事あり。……

正といい姦というも、その字に意味あるべからず。自《みず》から称して正といい、他を評して姦と名《なづ》くるのみ」と語って、その主張の相対性を揶揄している（福沢　三六—三七頁、一六〇頁）。

お互いにののしり合うだけならともかく、正統はときに権力をもって異端を弾圧し、邪教の烙印を押して闇から闇へと葬ってきたのだ、とする「陰謀論」も盛んである。つまり、L正統によるO正統の駆逐、という構図である。丸山も、儒学について一時そのような想定のもとに、「寛政異学の禁」を幕藩権力による朱子学の「正学」化と解釈したことがある。本来はO正統として判断されるべき学問ですら、権力によりL正統として定立されることがある、という事例の一つと位置づけたのである。おそらくこれが、「迫害」の典型的なイメージだろう。次章以下に本書が試みようとしているのは、こうした通俗的理解の問い直しである。

2　異なる価値秩序の併存

ギゾーと福沢

およそ権力というものは、福沢が『文明論之概略』で依拠したギゾーも指摘するように、自己の正統性の根拠が単なる剝《む》き出しの暴力にすぎないことを認めようとしないものである。たとえ事実的にそうであっても、権力はそれを否認し、あくまでもみずからが「暴力以外の資格」によって存在し始めた、と主張する。なぜなら、事実的な力だけで政治的な正統性を根拠づけることができない、ということを本能的に知っているからである。政治的な正統性は、「由緒の古さ」すなわち「時間的に先んじている」ことをもって自己の権力の根拠とする。そして、ギゾーによれば、「由緒の古さに名を藉《か》りて」出発したものは、「時の是認」により権利や正義や理性という別の正統性をやがて獲得してゆくのである。

さて、本章のはじめに記した通り、福沢はギゾーの要約紹介をしているだけではない。丸山も、実はその両者の行論が微妙にずれているところに興味をもっている。そもそも、なぜ福沢は『文明論之概略』の中段に至ってはじめて西洋文明の始源を論ずるのか。そしてなぜ、ここではバックルではなくギゾーに依拠するのか。丸山はこの二つの問いにみずから答えるかたちで、福沢の選択的な読みの特徴を明らかにしようとする。

ギゾーと福沢に共通しているのは、「今の西洋の文明は羅馬《ローマ》滅亡の時を初《はじめ》とす」という起点の取り方である(福沢 一九二頁、ギゾー 一九頁)。それは、古代帝国の単一的な支配が終わってゲルマン民族などの多様な勢力が興《おこ》り、近代ヨーロッパが一つではなく複数の原理や価値の不断の対立と闘争によって形成された、ということを強調するためである。近代は、古代から始まったのではなく、古代の終焉から始まった、という解釈である。その多様性を特徴づけるのが、聖権と俗権という独立した二つの権力の拮抗である。

これに対して、バックルは一九世紀イギリスの社会秩序を科学的な実証主義で批判する反教権的な思想家だったため、キリスト教に限らず宗教一般に冷淡で、宗教が政治に対抗する独自の権力をもつことを評価しようとしない。福沢も、ときにバックル流の宗教批判に同調することはあるが、聖俗二権の存在に意義を認めることについては、バックルでなくギゾーの理解を踏襲する。すなわち、人間に精神と肉体があるごとく、俗権は「身体有形の世界」を支配し、霊権は「精神無形の世界」を支配する（福沢　一九七頁、ギゾー　一〇一頁）。この両権の独立と併存こそが西洋文明の核心を構成した、という理解である。だから続く次の章で、福沢は「政府の奴隷」と化して俗権からの自立を放棄した日本の仏教僧侶を手厳しく批判するのである（福沢　二二三─二二六頁）。

文化価値の自立性

ただしその福沢にも、どうやらギゾーを微妙に読み飛ばしているところがありそうである。上述のごとく福沢は、宗教の意義を人間の霊肉二元のうちの「霊」の部分に見ている。これはごく常識的な割り振りだが、ギゾーはまさにその二元領域が交差するところにキリスト教の固有な発展形態がある、と論じていたのである（ギゾー　三三─三八頁）。

宗教は、個々人の精神にかかわるだけではない。特にキリスト教は、内面的で個人的な信仰的確信から出発しつつも、それを社会形成力へと具体化させ、地上に強固な組織と秩序を作り上げることに成功した。「教会」とそれを支配する「聖職者団」である。当然のことながら、そこには独自の権力構造が生まれ、俗権とまったく同じような腐敗も発生する。ギゾーにとっては、それらを含めた宗教と政治の交錯こそが西洋文明史を織りなす縦糸と横糸であったし、丸山にとってもそこに終生不変の関心があったのだが、福沢にその交錯への関心は見られない。

近代市民社会は、聖俗の二元的な価値の区別を前提に成立したが、その区別の原型は自発的な結社としての信仰共同体にある。換言すれば、政治的な価値とは別の秩序として宗教の独自性が確保される社会では、学問や芸術といった宗教以外の文化価値も確保される。翻って日本はどうか。日本では「学問や芸術を目的とする結社や集団が、国家とか政党のような政治集団と相似形をなしやすく、また容易に政治権力(反体制的政治勢力もふくむ)に従属」してしまう。それは、「政治的価値をこえた価値へのコミットメントが弱いからである」というのが丸山の診断である(講六:一二七頁、集一六:四七−六七頁)。

おそらくここには、彼自身の体験が深く刻印されているだろう。日本では、体制派であろうと反体制派であろうと、さらには学問や芸術を目的とするはずの非政治的な団体であろうと、結局はみな政治的価値の序列に組み込まれて一元化されてしまう。二つの価値秩序は、互いに緊張関係の中にあってこそ成熟する。だから、学問や芸術は高度に発達していながら、政治や行政が未熟なままであるような社会は稀である。日本の政治が未成熟であるとすれば、それは政治以外の文化すなわち「政治的価値をこえた価値へのコミットメント」が脆弱だからである。そして、その「政治的価値をこえた価値」の筆頭格が、歴史的には宗教であった。本書が丸山の正統論を足がかりに正統と異端のトポグラフィを再考しようとする意図も、ここにある。

3　日本的な「片隅異端」

正統なき異端

ここまでの議論で、丸山が正統の在処《ありか》を尋ねてゆくとL正統ではなくO正統に辿り着く、と考えていたことは明らかであろう。そして、日本にはそのO正統を担うものが少ない。権力闘争はあるが、その権力をもって実現しようとする目的が空虚である。目的合理的に営々と官僚組織を拵《こしら》えるのは得意だが、それに先立つべき価値合理的な国家形成の理念が存在しない。O正統には何らかの普遍的な原理や理念へのコミットメントが必要だが、日本人にはどこかそれが苦手なところがある。その原理原則のない融通無碍の応力こそが、日本で正統であることの本質である、というのが丸山の理解である。

日本文化の「執拗低音《しつようていおん》」とは、連続性と非連続性ないし恒常性と変化性の両面をもつ、ということではない。そもそも変化すること自体にある一定のパターンがあり、外の世界に対応する「変わり身の早さ」自体が定常的な伝統となっている、ということである。このことを丸山は、「正統的な思想の支配にもかかわらず異端が出てくるのではなく、思想が本格的な「正統」の条件を充たさないからこそ、「異端好み」の傾向が不断に再生産される」と表現している(集一二:一五四頁)。

本来的な正統の存在しないところでは、異端もまた本来的な異端となることができない。異端は本来、「自分こそ正統である」という主張をもって正統を襲い、これに取って代わろうとするものである。これは宗教の如何《いかん》にかかわらず妥当することだが、たとえばルターは自分が異端だとはけっして考えなかった。むしろ自分こそ本当のキリスト教精神を担っており、相手のローマ教会の方が異端だと主張する。だからこそ、そこに「新しい規範創造力」が生まれるのである。

ところが日本の異端は、異端を自称しながらも、支配階級をおどかすだけで、そのようなダイナミズムを発揮することがない。丸山は、これを揶揄して「居直り異端」「片隅異端」と呼ぶ(集一六:九〇–九一頁)。いわば、飲み屋の片隅で上司の悪口を言う類で、このような日本的異端は、裏で不平を託《かこ》ちながらも、表では既存の正統と平和裡に共存してしまうため、いつまでも変革をもたらさないのである。

孤高の例外

念のため、日本の伝統にルター的な異端を任じた例がなかったかどうかを丸山の講義録に探っておくと、まったくないとは言えないこともわかる。たとえば親鸞はその一例である(講四・二三九頁)。丸山の描く親鸞は、ほとんど浄土真宗の信仰観に仮託して日本の異端のありかたを批判するために引き合いに出されたかのような存在である。

「片隅異端」を特徴づけるのは、「低位安定」すなわち田山花袋のような自然主義的な自己肯定であった。いわば「ねそべった姿勢」から律儀な求道者の律法主義や偽善を嘲笑する立場である。丸山はそこに「日本のIdealism」批判、〝道〟の普遍者追求や〝主義〟へのコミットメントに対する「批判の伝統的なパターン」を重ね合わせて見ている。

ところが、親鸞の還俗《げんぞく》と肉食妻帯は、そのような俗的生活の即自的肯定を意味しない。末法《まっぽう》濁世《じょくせ》の世にあって、すでに厳密なる持戒は不可能であることを悟りながらも、親鸞はなお求道する。そこには、持戒にも破戒にも安住しない徹底した自己の煩悩罪業の自覚がある。阿弥陀の無量の慈悲による救済への道は、この自覚を通してはじめて開かれるのである。この道は、自分一人を通して自覚されるものの、同胞万人に開かれているという意味で普遍性志向をもつ。

親鸞の悪人正機説《あくにんしょうき》は、「本願ぼこり」すなわち弥陀の救いの万能性に甘えて自分の悪行を慎まない「造悪無碍《ぞうあくむげ》」を生んでしまう、と批判されるが、まったく同じ批判はルターの信仰義認論にも寄せられており、それらに対する両者の返答も構造的に同型である。その返答の要諦は、罪人として不格好な姿を晒しながらもなお信じて欣求《ごんぐ》する、という人間精神の志向性にある。親鸞は丸山にとり、羨望と嫉妬の入り交じった普遍性批判ばかりを繰り返す日本的な「片隅異端」に、それとは違う信仰的確信をもった異端の立ち姿を提示してくれる貴重な存在である。

単なる「調子はずれ」

とはいえ、日本史における親鸞は、特別な光彩を放つ例外中の例外にすぎない。総じて日本人は「異端好み」である。「判官贔屓《ほうがんびいき》」の伝統であろうか、「正統」は敬遠され、「異端」は賞賛される。「学界の風雲児」や「異端の芸術家」はもてはやされるが、正道や王道を担おうとする者は嘲笑される。これは、正面切って「正統」を名乗らない奥ゆかしさと解することもできるが、正統形成の努力を担おうとする者に対する屈折した怨嗟《えんさ》の表現でもあろう。丸山は、「型」や「形式」が日本では「形骸的」という悪い意味に用いられることに触れ、「アカデミーの伝統の確立していないところで、反アカデミーをとなえ、正統のないところで異端を誇るのは、音楽でいえば調子はずれを無調音楽と混同するに等しい」とまで断じている（講六：一八一―一八二頁）。

それでも、彼が見ていたのは進行する戦後国家体制の整備の陰で倫理的な野放し状態にある人びとの行状であった。高度成長期の日本の原風景を「ジャングルの法則」や「ラッシュアワーの世界」などと表現するくだりは、今日のわれわれを囲繞《いにょう》する規範意識のなし崩し的な消失現象からすると、何となく眩しくすら感じられる。猥雑ながらも活力と可能性に満ちていた時代には、異端であることのボルテージは今よりずっと高かったに相違ない。異端の凝集力や訴求力が低いということは、正統であることの権威や意義づけもそれに応じて低い、ということである。はたしてそのような時代に、正統の復権は可能なのだろうか。

4　未完に終わった正統論

正統の融解

「正統と異端」は、丸山が四〇年近く抱えていながらついに定稿に至ることのなかった主題である。その顚末についてはいくつかの解説があるが、なかでも石田雄《たけし》の報告に詳しい。石田は、「正統と異端」の研究会に最初期から参画し、一九六七年以降はほとんど丸山と二人でこれを仕切っている。また、『正統と異端』と題されることになっていた筑摩書房刊『近代日本思想史講座』第二巻の執筆陣の一員でもあった。

当初の「刊行案内」からすると、同書は近代日本の天皇制社会を「正統」と定義し、これに対する反体制勢力の精神的支柱となっていたマルクス主義を「異端」と位置づけることを目論んでいたようだが、この図式は戦後政治の状況が推移するにつれて早々に妥当性を失ってゆく。一方の天皇制はマスメディアの普及とともに大衆化して定着し、他方のマルクス主義も高度成長経済の中で妥協と軌道修正を余儀なくされていった。どちらの陣営にあっても「O正統の融解」という事態が顕著になったのである(石田 四二一―五五頁)。

丸山はある座談会で、対決すべきこれら二つの相手が「以前ほど手ごたえがなく」なり「フニャフニャになった」ことを挙げ、それをみずからの「精神的スランプ」の原因に挙げている(講四：三二二頁)。興味深いことに、この発言は前記研究会がある程度進行した後の反省としてではなく、その発足期にあたる一九五八年になされている。丸山は、研究の出だしからして、すでにこの主題の妥当性に疑問をもっていたわけである。というよりも、石田の推測によると、丸山が「正統と異端」という問題の枠組みを設定したのは、この「フニャフニャ」になってしまった対決相手に外からある種の「型」をはめようとする努力であった可能性が高い。

発足当初から見通しが不透明だったこの試みはしかし、六〇年代を通しての努力でも救い出されることがなかった。元来日本の天皇制や国体には、聖書にあたるような教典もなく、教義にあたるような信条もなく、教会にあたるような組織もない。正統の枠付けをするものがなければ、逆に異端を審問し異端として定義づける手続きも成立しようがないわけである。キリスト教史から入手した諸概念を参照枠組みに用いることの問題点もはじめから意識されており、後述するように中国古典や江戸儒学における漢語としての用語法も検討してはいたが、分析が進むにつれてこの制約はいっそう明らかになった。

その後しばらくの停滞期を経た後、八〇年代には総括への努力が再活性化するが、関心の比重はもっぱらL正統の問題に移っている。それは、日本にはO正統の存在が希薄であるという事実の再確認と表裏一体をなしていただろう。残念なことに、すでに長く健康を害して体力を消耗していた丸山は、残された時間で取り組むべき研究に優先順位をつけざるを得なくなり、やがてこの主題は後方へ押しやられてそのまま終焉を迎えることになる。

より内在的な理由

丸山がこの主題を最後まで定稿化できなかったことには、もう少し内在的な理由があったのかもしれない。石田は別の論攷《ろんこう》で、丸山が西欧近代を理想化する「近代主義者」だったとする人々の批判に触れている(石田・姜 一三頁)。「近代主義」の裏返しは、日本にそのような近代市民社会が欠如していると見る「欠如論」である。

もちろん、いまさら言うまでもないことだが、丸山は手放しで西欧近代を礼賛したわけではない。戦前のファシズムが勃興したのはまさにそのヨーロッパ近代市民社会の中枢からであったし、戦後の民主的なアメリカ社会がマッカーシズムを生み出した、という現代史の展開も彼は目のあたりにしていた。より深刻な問題は、巨大化して孤独化した現代の大衆がたやすく世論操作されてしまうことであって、丸山の中では、洋の東西を問わず大衆社会全般に対する悲観的な診断の方が勝っていたであろう。

だからそれを克服する方途として彼が示したのも、大衆や世論への追随を戒めて精神の独立を貫く、という処方箋であった。丸山はこれを「ラディカル(根底的)な精神的貴族主義がラディカルな民主主義と内面的に結びつくこと」と表現している(集八：四四頁)。民主主義は「永久革命」なのであって、特定の理念を固定化しオーソドクシーの地位に祭り上げた途端に、運動としての性格を失い、民主主義の名におけるファシズムを招いてしまう。だから民主主義社会にはそもそも「正統」が存在しないし、すべきでもない、という結論になる。

以上、ここまでの経緯をまとめる限り、少なくとも正統と異端という問題に限局して言えば、丸山はやはり「欠如論」者であったと言わざるを得ない。日本にO正統は存在しない。それは、日本人が普遍的な理念へのコミットメントを苦手とし、絶対者への信仰を根底におく精神の自律性をもつことがない、という彼の基礎感情にもつながっている。

日本仏教との比較

丸山は、仏教についても同様の判断をしており、日本に根を下ろした仏教に普遍性への志向が欠落していることを批判する。たとえば南ベトナムの仏教徒弾圧に際して、アメリカのキリスト教は信仰の自由という普遍的な理念から抗議の声を上げたが、日本の仏教界では反応が薄かった、というのである(講四：二七四頁)。仏教をキリスト教と同じ枠組みで解釈し、絶対者を根底におく普遍主義的な精神として理解する彼の基本姿勢には、仏教界からの正当な批判がある。

本書が丸山の正統論を辿りつつも、その系譜からもう少し別の経路を拓きたいと思う分岐点も、このあたりにある。実は、神学史や宗教学の理解からすると、「正統」は丸山が想定したほどには固定的でも普遍的でもない。丸山のいわゆる「O正統」は、普遍性主張を擁する教典や信条をもち、それを独占的に解釈する権威を備えた教導職の組織をもち、世俗社会と一線を画して明確に外延を定義された信徒集団をもつかのような印象を与える。だが、キリスト教史を詳細に検討する限り、これらの性格づけがあてはまるのは、むしろ異端の方である。正統は、論理的に定義されず、その輪郭も不明確で、そもそも存在の認知すら定かではない。丸山が想定したようなO正統は、厳密にはキリスト教世界にも存在しないのである。

丸山はまた、仏教の日本的な受容の特色を普遍主義的性格の喪失に見るが、実はキリスト教においてもまったく同様の受容形態が見られる。普遍性志向をもつはずのキリスト教は、アメリカに渡って大きく変質し「アメリカ化」した。これは、神学では「土着化」ないし「文脈化」として論じられる、ごくありふれた事態である。序章に触れたトランプ大統領の登場も、政治的にはいかに想定外に見えようとも、それを下支えしている一般大衆の宗教的思考にはある一定のパターンがある。そしてこのパターンは、アメリカ史が一七世紀のピューリタニズムに始まって以来、ほとんど変わっていない。いわばそこでも、日本と同じように定常的な「執拗低音」が鳴り続けているのである。

二〇一六年の大統領選挙でも同じことが言える。共和党と民主党の候補者は、両党がもつ政策綱領という「ドグマ」からすれば甚だしい異端なのに、手続き上の正統性だけは有している、という状態であった。丸山の用語を当てはめると、これは「O正統なきL正統」という事態に他ならない。では、普遍的教義を規範とするO正統は、いったい現代社会のどこにその本来的な姿を見いだすことができるのだろうか。そもそも、丸山が求めていたようなO正統は、どのようにして成立し、定義され、認知されるのだろうか。

第2章

正典が正統を作るのか

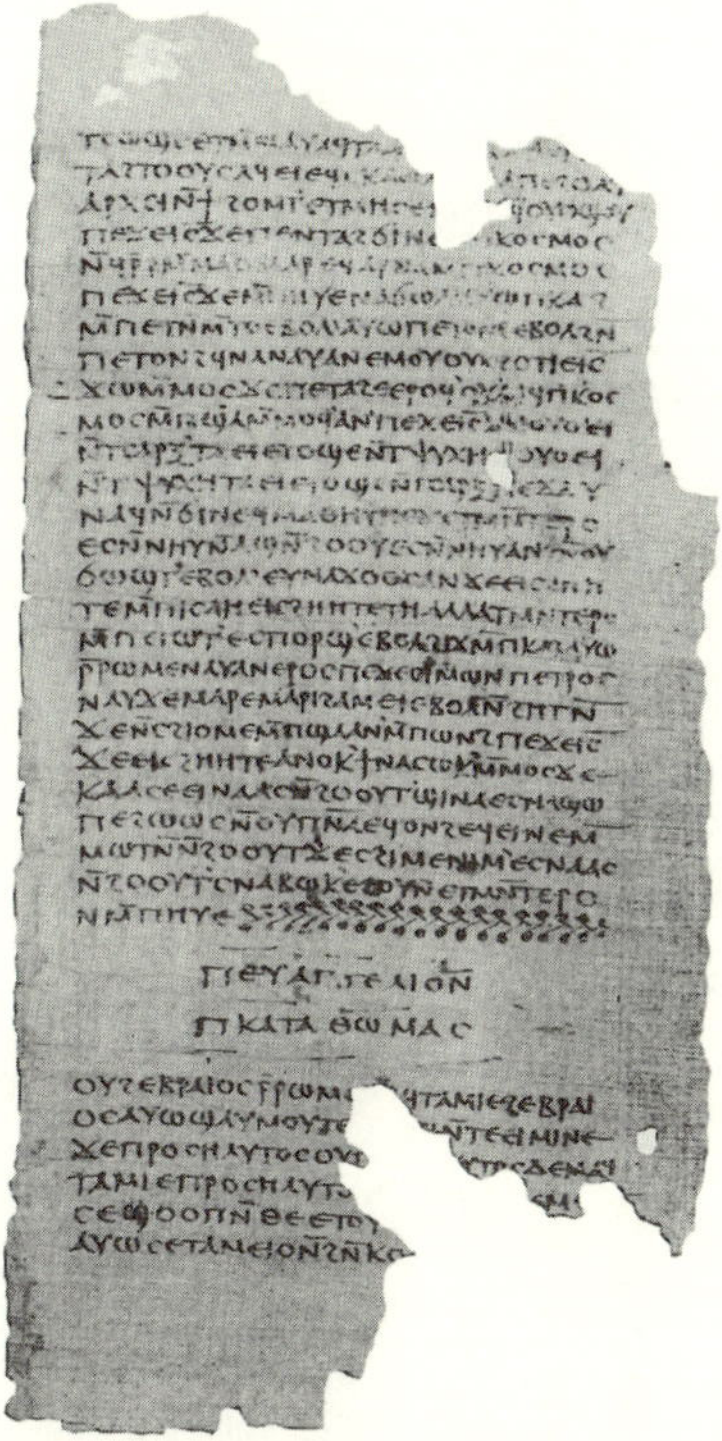

写本「トマスによる福音書」断片(『Q資料・トマス福音書　本文と解説』〔日本基督教団出版局〕122頁より)

1 宗教学の諸前提

宗教の三要素

一般に宗教学では、ある宗教の輪郭や特徴を定義づけるものとして、「正典」(canon)・「教義」(credo)・「職制」(ordo)という三つの要素を挙げる。つまりこの三つが「正統とは何か」という問いに対する答えを与えてくれる、と考えられているのである。もっとも、宗教によっては祭儀や神話などがより重要とされることもあるため、これがすべての宗教に当てはまるわけではない。

というよりむしろ、この定義は明らかにユダヤ教・キリスト教・イスラム教という「アブラハム系宗教」に寄り添ったものとなっている。「宗教学」という学問自体が、そもそもキリスト教を基準として他宗教を理解するために作られてきた、という経緯をもつからである。丸山も、この点については宗教学という学問に内在する偏向性を素直に受容してしまっている。だから、たとえば「神道には正典も教義もないから宗教と呼ぶに値しない」という議論になるのである。

そこで本書では、こうした枠組みそのものの問い直しを含みつつ、この三要素と「正統」との生態学的な連関を順に検証してみよう。まず本章では「正典」が正統を定義するかどうか、続く第三章では「教義」が、そして第四章では「教会」(職制)が正統を定義するかどうかを見る。その過程で、宗教学の基本的前提だけでなく、現代人が一般に想定している正統や異端の理解にも修正の必要なことが明らかになるはずである。本書が追求したいのは正統のかたちだが、正統を問うことは同時に異端を問うことでもある。この両者の相関にも、実は大きな誤解が潜んでいそうである。

聖典と正典

まず、「正典」と同じ読みで「聖典」という言葉があるが、この二つは同じではない。「聖典」は、諸宗教の基本文献として尊重される聖なる書物であって、英雄列伝などのハギオグラファ(聖人言行録)を含み、時代の蓄積とともにその範疇《はんちゅう》に含められるものが増加する傾向にある。これに対して「正典」は、信仰内容の基準として独占的に確立した権威を有し、ひとたびその範囲が確定した後は、増えたり減ったりすることがない。正典はこの意味で歴史的に「閉じられている」と言うことができる。正典は聖典でもあるが、聖典は正典であるとは限らない。正典は、ユダヤ教・キリスト教・イスラム教といったアブラハム系の宗教にはあり、仏教や神道にはない。

前章では丸山眞男を読んだが、ここではその丸山も読んでいた和辻哲郎を引用しておこう。彼は、正典と正統の関係を次のように述べている。

仏教はいろいろな点でキリスト教に劣っているであろうが、その最もはなはだしい点は、キリスト教が早くからカノン〔正典〕を決定して異端や分派を排斥したのに対し、仏教がカノンを決定し得ず、経典の無制限の成長を許したということである。……だから仏教と総称せられるのは一つの潮流であって、一つの教義ではない（和辻 四七二頁、括弧内筆者）。

念のため付け加えておくと、和辻は宗教の全般的な優劣を比較しているわけではない。一面における長所は、他面における短所である。ここでも、仏教の「無統一」は一面では弱点かもしれないが、他面では「寛容」という美徳でもある。仏教は「掃除を怠ったたらしなさ」をもつが、教義に反するという理由で優れた思想を弾圧することはなかった。これに対してキリスト教は、「異端的なもの迷信的なものを厳密に掃除し去った」が、教義による明白な「非寛容」を特徴とする、というのが和辻の判断である。

「異端を掃除する不寛容な正統」という通俗的理解については後に論じ直すとして、少なくとも「正統と異端を定義するのが正典である」という彼の論理は、よく理解できる。正統に関する疑義が生じたなら、正典に立ち返ってそれを検証すれば答えが出る、ということだろう。事実、プロテスタント宗教改革は、「聖書に還《かえ》れ」という標語で当時のカトリック教会を批判した。正典たる聖書には、どんなに長い教会の慣行や伝統があってもそれを批判し得る超越的で普遍的な基準が含まれており、それがキリスト教の自己点検や自己批判に根拠を提供する、と想定されるからである。

他方、仏教には「八万四千の法門」と言われるように数多くの経典があり、何を経典と認めるかは宗派により大きく異なっている。亀井勝一郎や池田大作といった現代の仏教思想家による著作を経典に含める人があっても、それを拒む原理的な理由はない。古くは大乗仏典全体の権威を否認する「大乗非仏説」すらあり、新しくはオウム真理教が仏教の一形態であるかどうかを判断する根拠もない、ということになる。

丸山は、和辻を引用しつつ、神道では祭祀の対象たる神も不分明で、開祖や経典といった普遍宗教に共通する要素もない、と断じている（集七：二〇六―二〇七頁、講五：二五八頁）。「日本にＯ正統は存在しない」という丸山の結論は、わずかな例外を別にすれば、この時点ですでに答えの出ている問いだった、ということになろう。

2　書物になる前の聖書

正統の典拠はどこにあるか

ここまでは宗教学的な前提知識に属する。問題はその先である。「正典が正統を定義する」というこの当然に見える論理の筋道は、正しいのか。そして、仏教にはない〇正統の典拠となるものは、キリスト教にはあるのか。

この問いは、仏教やキリスト教といった「宗教」の問題に限局されない。序章に記したとおり、本書のねらいは、既存の宗教概念を超えて、政治や文化や学芸などの諸領域にも厳として存在する正統とその権威の所在を問うことである。現代日本の問題では、憲法の解釈や改訂もこの問題領域に接している。憲法は不可侵の宗教的典範ではないが、その扱い方には類比的な理解を適用することができるからである。

はじめにいくつか、簡単な事実の確認をしておこう。読者がみなキリスト教の歴史に精通しているとは限らないし、むしろキリスト教について多少の知識をもっている人ほど、知らぬ間に予断や偏見を溜め込んでいる可能性が高い。この事実確認の段階だけでも、聖書という書物にはさまざまな誤解や難問がつきものであることをご理解いただけるだろう。

聖書と伝統

第一に、聖書はキリスト教信仰の出発点ではない。聖書から信仰が生まれたのではなく、信仰から聖書が生まれたのである。時間的な順序を追うならば、最初にイエス・キリストという出来事があり、次いでそれを信ずる人びとの群れができ、その人びとの間で信仰の伝統が形成され、そしてその伝統にしたがって聖書が成立した、ということになる。つまり、聖書ができる前に、すでに信仰があった。その信仰に基づいて、聖書が編纂《へんさん》されたのである。聖書のない時代にも信仰はあり、それが伝統を形成していた。その書かれざる伝統にしたがって、書かれた聖書ができあがったのである。

何事も聖書へ立ち返って確認すれば解決できる、とする素朴な聖書主義は、すでにこの順序からして成り立たないことが明らかである。プロテスタンティズムは、「聖書と伝統」を啓示の二源泉とみなすカトリック教会に対し、「伝統」を否定して「聖書のみ」を旗印に掲げた。しかし、プロテスタントにも伝統はある。プロテスタントはそれに従って聖書を読んでいるにすぎない。

もう少し言うと、聖書という「書物」を重視し、そこに書かれた文字を「読む」という作業を重視すること自体が、近代の偏見である。それ以前の長い歴史を生きた大多数のキリスト教徒からすれば、聖書は「読む」ものではなく「聞く」ものであった。聖書は、コーランのごとく「朗唱されたもの」、つまり教会で識字者が読み上げるのを聞くものだったのである。そして、それを読む者は、個人の立場ではなく自分の属する集団の精神においてそれを読む。そこには、意識されていようといまいと、伝統の仲介がある。そのような仲介なしに、まったく独りで聖書という書物に向き合い、その文字を読むだけで信仰に至った、という人は稀である。「信仰は聞くことによる」(「ローマ人への手紙」一〇章一七節)。人は、聖書から直接に信仰を得るのではなく、他者との出会いを通して、つまり何らかの伝統を介して信仰を得るのである。

旧約聖書の成立

実のところ、イエスやその直弟子たちにも聖書はあった。もちろん、彼ら自身のことを記した「新約聖書」はまだ存在していないわけだから、彼らが「聖書」と言うとき、それは「旧約聖書」すなわちユダヤ教の聖書のことを指している。最初期のキリスト教徒にとって、「聖書」とはユダヤ教の聖書のことであった。

ただし、彼らにとっての聖書は、先の区別からすると、「正典」ではなかった。たしかにそれは「聖典」だったが、「正典」と呼ぶほどの排他的な権威が認められていたわけではない。そもそもイエスは、旧約に記された律法を次々に廃棄し換骨奪胎《かんこつだったい》していった人物である。とても「正典」という扱いではない。彼らが引用する文書は「聖書」と訳されているが、原語はただの素っ気ない「書物」(graphe)という言葉である。

では、ユダヤ教にとって聖書が「正典」となったのはいつか。旧約聖書の主要構成要素は数世紀をかけていくつかのまとまりへと成長したが、ユダヤ教がその全体を定めて「正典」と認定したのは、実は紀元後になってからのことである。これは、キリスト教の出現により必要となった措置であった。キリスト教徒はギリシア語に訳した「七十人訳」と呼ばれる旧約聖書を使っていたが、その中にはユダヤ教の観点からして認めがたい文書も含まれていた。そこでユダヤ教徒たちは、自分たちが本当に「聖書」と呼び得るもの、すなわち「正典」と、そうでないものとを区別する必要に迫られたのである。

その後もキリスト教徒はギリシア語の「七十人訳」聖書を使い続けたが、今度はこれがキリスト教徒の方で問題となる。ユダヤ教が認めなかった一部文書すなわち「外典」の位置づけが、キリスト教の教派により異なっていたからである。プロテスタント教会では基本的にその価値を認めないが、カトリック教会ではこれを「第二正典」と呼んで聖書の中に含めている。この違いは、今も解決されていない。

ちなみに、日本聖書協会が刊行する聖書には、旧約と新約の間に「旧約聖書続編」を追加した版がある。カトリック教会では追加ありの版を、プロテスタント教会では追加なしの版を使う。それが「続編」というごく中立的な呼称を与えられているあたりに、双方の立場に配慮した苦労の跡がうかがえよう。

新約聖書の成立

さて、本書にとってより直接的な問題は、キリスト教に固有の聖書すなわち「新約聖書」の成立過程である。新約聖書に含まれる文書は全部で二七巻あるが、それぞれの文書は紀元一世紀半ばからほぼ一〇〇年の間に書かれている。こちらも、はじめは「福音書集」や「パウロ書簡集」のようないくつかのまとまりへと蒐集《しゅうしゅう》され、それらが合体して最後に現在の形になっていった。

「正典」は、ギリシア語の kanon という言葉に由来する。おおかたの解説書によると、これは「ものさし」ないし「規準」という意味であると説明されている。それはそれでわかりやすいのだが、実はこの言葉は四世紀中葉に至るまで「正典」という意味で用いられたことがなかった。それ以前にもこの言葉は広く用いられていたが、少し意味が違ったのである。「カノン」とは、はじめ「表」「目録」「一覧」を表す言葉であった。「カノン化する」とは、ある人や物をリストに載せる、という作業のことを意味していた。今日でもカトリック教会の聖人認定を「カノン化」と呼ぶのは、その名残りである。

人びとは当初、教会の礼拝で読むにふさわしいと思われる文書の「一覧」を作った。これらのリストは、はじめ各地域でばらばらだったが、やがて少しずつ共通の見解へと収斂《しゅうれん》してゆく。紀元一七〇年頃にローマで書かれたとされる「ムラトリ断片」になると、ほぼ現在の新約聖書に相当する諸文書がリスト入りしているのがわかる。

それでもまだ、この一覧(カノン)そのものが「正典」と認められたわけではない。当時は、既存の旧約聖書の他に新しい聖書が必要だ、という認識もまだ共有されていなかった。二世紀以降になりキリスト教が広まり出すにつれて、信仰理解の緩やかな一致を醸成するために、「真理のカノン」「教会のカノン」が定められる。この段階でもまだ、「カノン」という言葉は、書物ではなく書物になる前の信仰理解のことを指している。

ただし、ここが肝心なのだが、正典としての聖書が編纂されるためには、そこに何を入れるべきか、という判断の基準があらかじめ存在していなくてはならない。書物としての「聖書」ができる前に、「あるべき聖書」が決まっていた、ということである。正典には、正典のイデアが先在する。そのイデアに沿って、正典が作られるのである。ということは、聖書が存在する以前に、正統はすでに存在していた、ということである。聖書は、その正統理解を文書へと反映させてできあがった結果物にすぎない。つまり、歴史的順序としては、「正典→正統」でなく「正統→正典」が正しい。

「カノン」という言葉が最初に「正典」という規範的な意味で用いられたのは、紀元三五〇年頃のアタナシオスの書簡においてであった。アタナシオスは、「正典とされ伝承され信じられてきた神聖な書物」として、現在の旧新約聖書に含まれる文書をほぼすべて、ほぼ現在の順に並べ上げ、「何人もこれらに加えてはならないし、これらから削ってもならない」と編集作業の終結を宣言している(小高編 二〇〇〇年:四四―四六頁)。これが「正典」としての聖書の結晶体であった。

3 正典化の基準

口伝から文書へ

これは仏典の結集《けつじゅう》にも言えることだが、一般に最初期の宗教集団は、創始者とその直弟子たちの記憶が鮮明なうちは、文書の作成を志向しない。彼らの伝統は、まずは口伝《くでん》という形式をとる。口伝の期間は、由来が古ければ古いほど長い。古代バラモン教ではおそらく数百年、仏教では最初の実質的な結集までに一〇〇年ほどかかったが、キリスト教は数十年、イスラム教では十数年と、歴史が新しいほど文書化までの期間は短くなる。

おそらく、はじめは文書化する必要をそもそも感じなかったであろうし、次第にその必要が感じられるようになった段階でも、文書化という作業には心理的な抵抗感があったはずである。なぜなら、信仰は「死せる文字」ではなく、「生ける霊」によるからであり、書物に書きつけるべきものではなく、心に刻み込むべきものだからである。

キリスト教の発展過程においては、これに加えて「終末論」という個別事情もあった。原始教団は、この世の終わりが間近に迫っていることを信じており、神の国の到来とイエスの再臨を待ち望んでいたので、信仰内容を文書に固定化してその永続的な継承を図る、などという悠長な作業に関心を払うことがなかった。文書化は、こうした最初期の切迫した黙示文学的な終末観が弛緩し、この世における歴史的な建設、世代を超えた信仰の継承、という責任が感ぜられるようになって、はじめて行われるようになるプロジェクトである。

終末の遅延は、教会に否応なく時代の変化を認めさせることにもなった。自分たちが生きている時代は、もはや神の霊が直接に啓示を語りかけてくる時代ではなくなった、という認識である。もし、モンタヌス派のような熱狂主義者が主張したように、神の語りかけがまだ継続しているのなら、それを文書にまとめるのは時期尚早であろう。しかし、「ヨハネの黙示録」を最後として、もはやその時代は終わったのだ、という認識に立てば、次の仕事はそれをまとめることである。こうして教会は、正典を定め、教義を定め、教会制度を定めて、新しい時代を迎える準備へと入ったのである。

正典性の判断

問題はここからである。正典化の動機や必要性はわかった。では、その正典化は、いったい何を根拠に判断がなされたのであろうか。「これは入れる」「これは入れない」という個別の判断は、何を基準になされたのだろうか。たとえば、今日の聖書にはマタイ・マルコ・ルカ・ヨハネという四つの福音書が含まれているが、それ以外にもさまざまな福音書が存在したことが知られている。現行のパウロ書簡や公同書簡の他にも、当時の信徒たちの間で権威をもって回覧された書簡はいくつかあった。それらを正典へと取捨選択してゆく際の判断基準は何だったのか。

従来の教科書的な議論で挙げられてきた基準は、大きく分けて「使徒性」と「公同性」の二つである。「使徒性」(apostolicity)とは、その文書の起源が最初の使徒たちにまで遡り得るかどうか、という基準である。しかし、これはきわめて曖昧でしかない。マルコやルカは使徒としては知られておらず、パウロに至っては生前のイエスに会ったこともない後発の使徒である。そもそも、当時は文書に著者名を明記するという習慣がなかったし、冠せられた名前がそのまま本当の著者を示しているという保証もない。

もう一つの「公同性」(catholicity)とは、特定の名宛人ではなく、普遍的にすべてのキリスト教徒に向けて書かれているかどうか、という基準である。しかし、これも実質的には適用不可能である。手紙というものは、そもそも具体的な誰かに向けて特定の主題について書くものである。パウロ書簡は、みな特定の個人や教会に宛てたものなので、よほどの抽象化を施さない限り、この基準では除外されてしまうだろう。この他にも、四や七という数による神秘的な合理化を企てる議論があるが、いずれも後付けの理由づけにすぎず、現行の正典にも適合しない。

正典は○正統ではない

では、由来ではなく内容からして判断されたのだろうか。たしかに、新約正典に含められなかった文書、すなわち「外典」ないし「偽典」として除外されたものを読むと、明らかに作為的な模倣であったり奇天烈で荒唐無稽《こうとうむけい》だったりするものが多い。しかし、なかには有益で信憑性の高いものもある。内容による判断こそ、一致は難しいだろう。

たとえば旧約の「エステル記」は、ユダヤの女性が美貌を武器に王妃となって民族を救う、という倫理的に危うげな筋書きだし、「雅歌」はもっと露骨に男女の官能的な性の交歓を歌ったもので、両書には「神」という言葉すら出てこない。いったいこれらがなぜ正典に含まれているのか、もって回った教会の護教論を別にすれば、今日ではほとんど理解不可能である。新約正典でも、ルターは自分の神学的主張にそぐわない「ヤコブの手紙」を「わらの書簡」と呼んで貶めた。

さらに、考古学的な観点からも、正典概念は揺さぶられることがある。使徒パウロはラオデキヤの教会に宛てて手紙を書いたことが知られているが、その手紙は失われたままである。仮にもし今日、どこかの砂漠の中から「ラオデキヤ人への手紙」が見つかったなら、それは新たに新約正典へと付け加えられるのであろうか。二〇世紀最大の神学者といわれるカール・バルトはその可能性を示唆したが、そんなことは原理的にも現実的にもあり得ない。考古学的な研究の成果はあくまでも蓋然的なものだし、そもそも全世界に拡散したキリスト教にはそのような議論をする場もなく、決定をする権威もないからである。

結局、正典の正典たる所以《ゆえん》は、編纂時の判断であるというだけで、それを超えた普遍性や合理性は存在しない、と言わざるを得ない。正典の編纂は「無原理」である、と明言した新約聖書本文研究の大家もいる(Aland, 15)。正典は、特定の歴史的文脈の中でひとたび定められた、検証も再考もできない一回限りの形成物なのである。正典が「閉じられている」というのは、この意味においてである。第四章で詳述するオリゲネスという教父は、これを「あなたの先祖が立てた古い地境を移してはならない」という「箴言」(二二章二八節)の言葉を引用して説明した(小高編 一九九九年:三〇八頁)。それは、「先人が定めた」という以外に理由はない、という事実の率直な承認に他ならない。

以上の経緯に丸山の用語を当てはめると、聖書の正典はO正統ではなくL正統だ、ということになる。何らかの内在的な基準で合理的に定められたのではなく、単に由緒や由来という過去の経緯を尊重しているだけなのである。正統派教会が強調した「使徒性」とは、まさにこのL正統の論理を検証不可能な神秘的伝統へと祭り上げた概念である。

もちろん、すべてが歴史的偶然の産物だというわけではないだろう。たとえば四つの福音書は、「受難物語を含んでいるかどうか」という内在的に確認し得る根拠をもっている。しかし、正典は全体性を前提とするので、聖書全体にこのような内在的論理を探そうとすると、どうしても無理が生じる。「O正統の根拠を求めてゆくとL正統に逢着《ほうちゃく》してしまう」というのは、どうやら日本思想だけに固有の事情ではなさそうである。

４　異端が正典を作る

マルキオンの正典

興味深いことに、キリスト教の伝統において最初に正典の編纂を試みたのは、マルキオン（八五？―一六〇？）という異端思想家であった。彼は、キリスト教をユダヤ教から完全に脱皮させて独自の信仰体系とすることを願い、旧約的な神の義と律法を排除して、新約のイエスの愛と贖罪《しょくざい》を強調した。その分離があまりに過激で、イエスの歴史的人間性をも否定したため、彼は当時のローマ教会から拒否されたが、その独自な福音理解は各地で信奉者を獲得していった。マルキオンの理解によれば、キリスト教の聖書に旧約聖書は含まれるべきではない。福音書はルカだけに限定し、それも彼自身の主張に合わない部分を削除した簡略版が作られた。これに彼は、当時まだ権威の確立していなかったパウロの書簡をまとめて付け加えている。キリスト教の歴史が幕を開けたばかり、紀元二世紀半ば頃のことである。

マルキオンがこの時代に独自の正典を編纂したことの意義は大きい。それは、教会に新約正典作成の必要性を実感させた。マルキオンという異端者がいなければ、そもそも「正典」としての聖書が作られたかどうかわからないし、その中に旧約聖書が含まれていたかどうかもわからない。先ほど触れた二世紀の「ムラトリ断片」は、まさにこのマルキオンの聖書に対抗するために作られた正統派側の新約文書リストだったのである。

やがて教会は、これらのリストを公の会議で承認するようになる。三六三年のラオデキヤ会議、三九三年のヒッポ会議と進み、その四年後のカルタゴ会議では、アタナシオスの書簡に示された一覧が正式に承認され、「正典目録にあるもの以外は教会内で聖書として読んではならない」という禁令が加えられた(DS 186)。新約正典の成立である。

正典が異端を排除したのか

もう一度これらの年代に注意していただきたい。マルキオンが二世紀半ばに正典編纂を試みた時、教会はまだ正典をもっていなかった。「ムラトリ断片」という曲がりなりの「文書一覧」ができたのもその後だし、公のカルタゴ会議での決定に至ってはさらにその二〇〇年も後である。にもかかわらず、教会はマルキオンの説く福音が正統とは認めがたい、ということを知っていた。つまり正統も異端も、正典の成立に先立っている。

正典はしばしば、正統派が異端を排除するために作った道具立てであるかのように見なされる。だが事実は逆で、まず異端が正典を作り、それにあわてた正統が自分たちでも正典を作って対抗したのである。つまり、異端は正典を根拠として排除されたのではない。正典が異端を排除したのではなく、むしろ異端が存在したおかげで正典が成立したのである。

巷間では、映画にもなった小説『ダ・ヴィンチ・コード』(二〇〇三年)のような「陰謀論」が盛んである。そこでは、正統派の権力者たち(もちろん男)が密室に集まって、高価な葉巻など燻《くゆ》らせながら謀略をめぐらし、自分たちの気にくわない連中(しばしば女)を異端として闇から闇へと葬った、ということになっている。「会議」というものによほどの嫌悪感があるのだろう。

正典編纂の時期がローマ帝国の政治的統一と重なるのも、陰謀論のお気に入りのポイントである。コンスタンティヌス体制で権力を掌握した教会は、帝国の絶大な政治権力を背景に、キリスト教の統一を推し進め、その手段として正典を作り出した、という筋書きである。この理解によれば、「正典結集」と「異端排除」とはほとんど同義語である（田川 一三二頁）。

しかし、こうした見立てには決定的に欠落している視点がある。それは、人びとの信頼がおのずと向かう権威の存在と、その集合的な経験の歴史である。どんな権力も、いきなりその場で「これが正典だ」と作り上げることはできない。たとえ教会が帝国の政治権力と結託していたとしても、たとえ正典結集が異端排除を目的としていたとしても、そこでできるのは、すでに存在していた正典目録を追認することだけである。正典の内容は、会議で決定されるはるか以前に、人びとの信仰と経験の歴史の中で、すでに固まっていた。いかに強大な権力も、いかに権謀術数に長《た》けた政治家も、その内容を恣意的に変更することはできない。それをあるがままになぞって是認することができるだけである。ここに、正統の本来的な所在が示されている。

5　歴史の審判

異端の興隆と衰退

マルキオン派の教会は、本人の存命中に北アフリカ、ガリア、小アジア、エジプトなどの各地で興隆し、一時は地中海世界全域を席巻する勢力であった。そして彼らは、日本の「片隅異端」とは異なり、自分たちこそ正統であることを確信していた。だがそれでも、マルキオン派はやがて衰退し、歴史の舞台から消え去った。

正統派が弾圧したり迫害したりしたからではない。正統派はむしろ少数で、いまだ統一もされておらず、本当のところマルキオン派と自分たちがどう違うのかすらよくわからないという始末で、とてもマルキオン派を撲滅できるような力をもってはいなかった。エイレナイオス（一三〇?－二〇二）やテルトゥリアヌス（一六〇?－二二〇?）といった教会教父たちは精力的にマルキオンを論駁《ろんばく》したが、マルキオン派の教会は彼らよりずっと長命で、西方では四世紀まで、東方では五世紀まで存在していたほどである。

つまり、異端は弾圧されたから姿を消したのではなく、姿を消したから異端なのである。正統は、他を弾圧したから生き残ったのではなく、生き残ったから正統になったのである。これは、マルキオン派に限らず、初代教会にとってさらに深刻な脅威であったグノーシス宗教一般にも言えることである。彼らのうちでもっとも長いものも、四〇〇年ほど続いた後に、自然に衰退し消滅していった。

教会は、権威のないところに新たな権威を創出することはできない。すでに存在している権威を追認することができるだけである。優れた彫刻家は、素材の中にあらかじめ完成像が隠れているのを見て、それを彫り出してゆくと言われる。同じように、教会は何もないところに自分で正典を作り出したのではなく、すでに人びとの間で承認されている正典の権威に基づいて、それを形にしただけである。

キリスト教自体も、はじめは特異な新興宗教集団として出発した。ユダヤ教の指導者たちは、不安な面持ちでこの新奇な宗教の興隆を見つめていたに相違ない。あるとき、最高法院の議員たちがいきり立って議論をしていると、ガマリエルという律法学者が立ち上がり、次のように語って同胞を諭した。

イスラエルの諸君、あの人たちをどう扱うか、よく気をつけるがよい。先ごろ、チゥダが起って、自分を何か偉い者のように言いふらしたため、彼に従った男の数が、四百人ほどもあったが、結局、彼は殺されてしまい、従った者もみな四散して、全く跡方もなくなっている。そののち、人口調査の時に、ガリラヤ人《びと》ユダが民衆を率いて反乱を起したが、この人も滅び、従った者もみな散らされてしまった。そこで、この際、諸君に申し上げる。あの人たちから手を引いて、そのなすままにしておきなさい。その企てや、しわざが、人間から出たものなら、自滅するだろう。しかし、もし神から出たものなら、あの人たちを滅ぼすことはできまい。まかり違えば、諸君は神を敵にまわすことになるかも知れない

(「使徒行伝」五章三五―三九節)。

ヘーゲル流に言うと、これが「歴史の審判」である。同じ構図は、その後のキリスト教の発展過程にもあてはまる。正統は、自分の手で正典を作らない。まして正典で異端を撲滅したりしない。正典は、見えない正統が見える正統になったものにすぎない。人びとの間に浮遊していた無定形な雰囲気としての正統に、形を与えたものが正典である。神の言葉は受肉し、そして正統は書物となった。

歴史的宗教であることの意味

キリスト教は、歴史的宗教である。啓蒙時代の言葉を援用すれば、「理性宗教」ではなく「実定宗教」(positive religion)である。さまざまな選択肢の中からもっとも合理的な判断をすることで出来上がった人工的な宗教ではなく、その時々の、今となっては理由も定かでない判断によって、自然と積み上がってできた宗教である。これは、正典形成の歴史についても、キリスト教史全体についても、言うことができる。歴史の中で無数の人びとに取捨選択された結果、集合的に残ったのが現在のものである。そして、現実的なものは理性的であり、理性的なものは現実的である。

初期キリスト教の発展経路を辿ると、そこには多くの競合する宗教伝統があったことがわかる。キリスト教と類似ないし重複する信仰内容をもつものもあり、キリスト教の内部から別の信仰形態へと転成していったものもある。今日残っているバージョンのキリスト教がいちばん優勢だったわけでもないし、いちばん正しくて清らかだったわけでもない。

逆に異端は、邪悪で不正だったから異端になったわけではなく、断罪され追放されたから消滅したわけでもない。異端は、みずから出て行って異端となる。それが新たな正統となるか、あるいはしばしの興隆を経て衰退し消滅するかは、「世界審判」たる世界史に委ねられている、としか言うことができない。それを、世の多くの人は「歴史の偶然」と呼び、キリスト教徒は「神の摂理」と呼ぶ。

どちらの呼び方をするにしても明らかなのは、正典が正統を作るわけではない、ということである。正統は、正典とは独立に存在する。誰も、この書かれざる正統を操作することはできない。正統は、誰かの手によって作り出されるものではない。人は、あらかじめ存在している正統を後から認知することができるだけである。そのようにして追認された正統だけが、権威をもつ。正統の権威は、それを信ずる人びとの集合的な経験の堆積と等価である。正典は、すでに存在している正統に形を与え、これを可視化したものにすぎない。

このことが現代日本でもつ含意は明らかであろう。憲法の制定や改定を政権担当者の主導で進めることはできない。正典は、人びとの間ですでに正統となっているものを反映する時にのみ、権威をもつ。権力は、正統を作り出すことはできないし、改変することもできない。「正統を作る」という表現自体が、思い上がった言葉の誤用である。

宗教の輪郭を定義する三要素のうち、まず「正典」(canon)が正統を作るのではない、ということはこれで確認できた。次章では、二つ目の「教義」(credo)が正統を作るのかどうかを検証しよう。

第 3 章

教義が正統を定めるのか

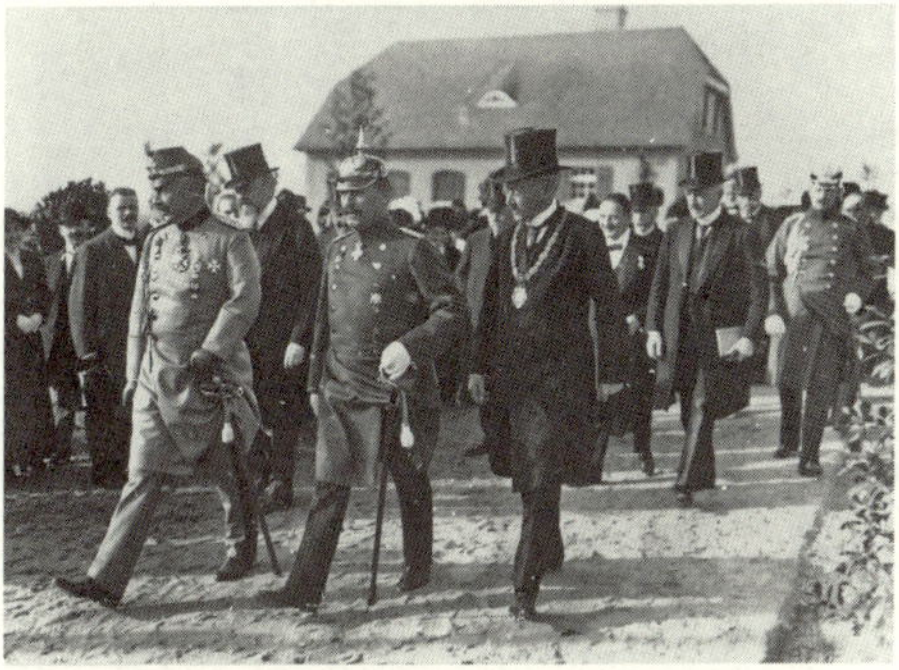

ハルナック(前列右端)とドイツ皇帝ヴィルヘルム 2 世(左)(1913 年, Getty Images)

1　ハルナックの困惑

キリスト教のヘレニズム化

二〇世紀の曙光が射しはじめた一八九九年の秋、アドルフ・フォン・ハルナックは、多少の困惑を覚えながら、ベルリン大学の全学部から集まった六〇〇名ほどの学生に向かって講義を始めた。講義の題は「キリスト教の本質」である。この講義は、翌年三月に終了するやいなや、五月には書物となって数万部が刷られ、またたく間に世界の主要十数カ国語へと翻訳された。その中には、一九〇四年刊の日本語訳も含まれている。講義を始める前の本人がどこまでそれを予測していたかはともかく、本書はその後一世紀を超えて今日まで読み継がれる世界的名著となった。

だが、なぜこの講義は、今更のように「キリスト教の本質」を主題としなければならなかったのか。それは、当時のキリスト教がその「本質」を大きく逸脱してしまっている、と彼が考えていたからに他ならない。初代教会史の綿密な研究を通してハルナックが至った結論は、キリスト教は歴史を通してとんでもない歪曲《わいきょく》を被ってきた、というものだった。ナザレのイエスが説いた単純素朴なキリスト教は、ギリシア哲学の世界観に封じ込められて、高度に思弁的な教義と化してしまった。この「ヘレニズム化」は、パウロによりすでに新約聖書の内部で始められており、三位一体論やキリスト論というキリスト教信仰の中核部分にまで達している、というのが彼の診断なのである。

キリスト教を「外来」宗教と見る日本では、アメリカやヨーロッパをキリスト教の「本場」と見なす傾向がある。だが、歴史を振り返れば明らかなように、キリスト教はそれらの地域においても「外来」の宗教であった。序章や第一章で見たように、キリスト教はアメリカでは極度に「アメリカ化」し、国家や文化との見分けがつかないほどに「土着化」してしまっている。同じことは、ヨーロッパのキリスト教についても言うことができるし、近現代だけでなく中世や古代にも言うことができる。ハルナックの講義は、そのような変質がすでにキリスト教の揺《よう》籃《らん》期であるギリシア時代に起きていた、ということを示した点で、人びとに大きな衝撃を与えることになった。

屈折した愛国心

実のところ、ハルナックは自分の出した結論に、困惑だけでなく秘かな高揚も感じていたに違いない。歪曲を指摘することは、それを正す必要を語ることである。では、全世界に「キリスト教の本質」を取り戻すという、この壮大な歴史的企ての栄誉を担うのは誰か。それは、一六世紀に宗教改革を開始した「ドイツ精神」を措いて他にない。ハルナックが求めるキリスト教とは、プロテスタントの、なかんずくドイツの、さらにはルター派の、キリスト教が体現すべきもののことなのである。

ハルナックは、この後ベルリン大学総長や学術振興協会総裁や王立図書館館長を歴任し、ドイツの学界全体に君臨することになる神学者だが、本人の自己理解はもう少し複雑であった。彼は、ドイツ本国ではなく周辺国エストニアの生まれで、家庭ではドイツ語とロシア語を話す環境に育った。そのため彼は、ドイツの文化と政治の中心を担うプロイセンに強い憧憬を抱いており、生粋のドイツ人以上にドイツ的な愛国心をもっていた。だから、ドイツ精神こそ現代の宗教改革の立役者である、という彼の主張には、少なからぬ自負が含まれていたはずである。国内勢力に確たる支持基盤をもたない彼は、地元を飛び越えて中央政府や皇帝と直接に結びつくことで自分の地位を築くという、屈折したナショナリズムの持ち主であった。

そういうハルナックであったから、彼の言う「キリスト教の本質」の回復運動は、それ自体が深くドイツ的な潤色を帯びたプロジェクトであった、と言わざるを得ない。やがてドイツは第一次大戦へと突入するが、開戦にあたって皇帝ヴィルヘルム二世の勅書を執筆したのは、このハルナックである。キリスト教の福音は、かくしてギリシア精神への隷属から解放される代わりに、新たにドイツ精神への隷属を余儀なくされることになった。福音は再び文化と無媒介に接合され、時代の危機を鋭敏に察知した神学者カール・バルトの批判や宗教社会学者マックス・ヴェーバーの疑念を招くことになるのだが、それはまた別の話である。

ここでの問題は、ハルナックが「キリスト教の本質」をどこに見いだそうとしていたか、ということである。「本質」が定義できれば、「正統」もそこに現れるように思われるからである。その「本質」は、はたしてハルナックが追求したように「始源」へ遡ることで見いだされるものだろうか。

2　正典から教義へ

啓典宗教における正典

前章で確認したのは、「正典は正統を定義しない」ということであった。ふつうわれわれは、正典こそ正統の判断基準だ、と考えている。簡単に言えば、「聖書こそキリスト教の源泉で、そこに正統がある。だから聖書に則っていれば正統だし、そうでなければ異端だ」ということである。ところが、初期キリスト教の発展過程を素直に見てみると、正典と正統の依存関係はむしろ逆であることがわかる。正統は正典の形成に先立って存在しており、むしろその先在した正統に則って、正典が定められたのである。

このような理解には、異論もあり得よう。たとえば、それはキリスト教が自己定義に忙しかった初期の話だけで、いったんそれが確定した後は、やはり正典が正統と異端の基準となったのではないか。キリスト教の教義というものは、みなどこかしら聖書に典拠があるから教義になったのではないか。そもそも和辻が指摘したように、ユダヤ教・キリスト教・イスラム教の三つは、「正典」をもつからこそ正統と異端の判断ができるのだし、だからこそそれら三つは別して「啓典宗教」ないし「書物宗教」と呼ばれてきたのではないか。

これらの異論は、ある程度まで正しい。ただ、正典が定められた後は、別の新たな問題が生じる、ということも忘れられてはならない。それは、「解釈」という問題である。すべて書かれたものは、解釈を必要とする。憲法が単に制定されるだけでなく実際に解釈され適用され続けねば機能しないのと同じように、正典も正典だけで機能するわけではない。ひとたび制定され固定された文書は、歴史が展開するにつれて当初は想定されていなかった新たな事柄や事態に直面する。だから解釈と適用が不可欠なのである。では、それを解釈するのは誰か。誰の解釈が正しいのか。正統の所在をめぐる問いは、こうして次のステップへと進められる。

解釈の正統性という問題は、「正典」「教義」「職制」という宗教の三要素のうち三つめ、すなわち教権集団や教導職の権威ヒエラルキーに関わる。それを問い直す前に、本章では正典と解釈者の間にあって、それをつなぐ役割をする二つめの要素、すなわち「教義」を検討しよう。

教義はなぜ必要か

まず、教義は何のためにあるのか。ごく大雑把に言うと、正典は長い文書なので、その真髄を簡潔にまとめた教えの体系があると便利だ、ということである。すると、それを守るものが正統、それを逸脱するものが異端、という判断ができることになる。つまり、正典から教義が生まれ、その教義から正統が生まれる、という順序である。

正典　↓　教義　↓　正統

ただし、前章で見たように、正統は正典より前に存在し、その正統に従って正典が決められたので、最初に正統を置き直してみる。

正統　↓　正典　↓　教義

だがこれだと、教義が最終段階になってしまう。正統はその後も続くので、正統をもう一度最後に付け足してみよう。

正統　→　正典　→　教義　→　正統

二つの正統のうち、正典以前の最初の正統を担っていたのは、「信仰の規範」(regula fidei)と呼ばれるもので、これは洗礼式などで用いられる信仰告白の短い定式や、それに準ずる信仰内容の概括である。他方、正典ができた後に正統を明示的に担うのが教義である。

ただし、これだと「正統」が二度現れて別もののように見えてしまうが、両者は同じものの発展的な連続である。正統は、その発展過程において正典や教義に表現される、ということであって、正典や教義に取って代わられるものではない。となると、これらは単線上に並べられるよりも、主線とその副産物として複線的に理解した方がわかりやすい。

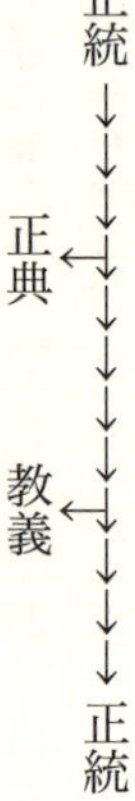

今回は、この「教義」の部分に正統がどのように宿るかを精査するわけである。なお、以下の叙述では「教義」と「教理」という二つの言葉が出てくるが、その区別はさほど厳密ではな

い。「教義」はキリスト教信仰の最重要な根幹部分として公認されたもの、「教理」はそこから派生して各教会ごとに定められた特定の信仰理解、くらいに受け止めておいていただきたい。

3 「どこでも、いつでも、誰にでも」

曖昧さを残す定式

教義の正統性を最初に論じたのは、レランスのヴィンケンティウスである。五世紀半ば、南フランスのカンヌ沖にある小さな島の修道院に隠棲していたヴィンケンティウスは、今日のわれわれの問いを先取りして、次のように問うている。「聖書の正典は完全なのに、なぜ教会による理解という権威が必要なのか」。それに対する彼の答えはこうである。

聖書は、その深遠さの故に、一つの同じ意味で万人が受け取っておらず、同じ［聖書の］発言が、あの人この人によって別様に解釈され、人の数だけ異なった意味内容が見出されうるかのようにみなされているからである。……それ故、このようなさまざまな誤謬によるこれほどの歪曲のために、預言的で使徒的な［文書の］解釈の筋道は、教会的でカトリック的な意味という規範に則して方向づけられることが是非とも必要なのである（小高編 二〇〇一年:三二一頁)。

では、その正しい「解釈の筋道」とはどんなものか。それが、よく知られた「どこでも、いつでも、誰にでも、信じられてきたこと」(quod ubique, quod semper, quod ab omnibus creditum est)という「正統」の定義である。つまり、

• 普遍的なものであること(universitas)
• 古代からのものであること(antiquitas)
• 合意されたものであること(consensio)

という三点が、正統の条件である。「カトリック」という言葉自体が「普遍的」という原義をもつので、これは至極当然の定義と言えるだろう。ヴィンケンティウスが正統の具体的な内容についてはいっさい触れずに、それが満たすべき外面的な条件だけを挙げているところは、後述するように正統のありかたを追う本書にとって非常に示唆的である。

ところで、「正統」を定義した彼の言葉は、どこかにそのような普遍的正統がどっしりと存在しているかのような印象を与える。しかし、皮肉なことに、実はこの定義そのものが、同時

代人アウグスティヌスの「新奇な」教えに対する彼の反対意見の表明だったのである。

アウグスティヌスの恩恵論については次章でペラギウスを論ずる際に詳述するが、要するに人間の努力より神の恵みを重んずる立場である。生真面目《きまじめ》な修道僧であったヴィンケンティウスはこれに納得がゆかず、遠回しにアウグスティヌスを批判してこの言葉を書いたのである。つまり、そもそもこの定義自体が、すでに「どこでも、いつでも、誰にでも」信じられているとは言えない教理を扱っているわけである。

ヴィンケンティウスの立場はペラギウスに近い。そして、その後の歴史において「正統」の地位を獲得したのは、彼ではなくアウグスティヌスの方であった。ヴィンケンティウスに「新奇な」教えと言われた方である。どうやら、「みんなが昔から合意している」という彼の定義は、あまりあてにならないことがわかる。それは、子どもが何かをねだるとき、「みんなもってるんだよ」と言う、あの「みんな」程度である。

「信じられている」ものこそ正統

そのようなわけで、ヴィンケンティウスの定義は、字義通りには役立たない。だがそれは、もう少し別のことを示唆している。この定義で力点が置かれるべきなのは、「どこでも、いつでも、誰にでも」ではなく、その後に続く「信じられてきたこと」という部分の方である。正統は、どこでもいつでも、昔っからみんながそう思っている、と「信じられる」ことが重要なのである。正統は、信じられねばならない。正統には、それだけの権威がなければならない。信じられない正統はあり得ず、権威のない正統は形容矛盾である。

これは、宗教の話に限らない。政治学において民主主義を討議する際にも、憲法がその国の基本構成原理として尊重され機能するためにも、あるいは一定領域における学問的見解が人びとの認知を得てパラダイム化する時にも、同じようにあてはまることである。

正統とは、人びとがその権威をおのずと承認せざるを得ないような何ものかである。その件に関しては、いつ誰に聞いてもきっと同じような答えが返ってくるだろう、と思わせるような何かである。それは、議論を積み重ねた末に至るような結論ではない。理詰めで相手を同意させねばならないような結論は、正統ではない。ましてそれは、権力が何らかの強制によって受け入れさせることができるものでもない。だから正統は、人工的な操作ができないのである。正統は、おのずと醸成され、知らぬ間に人びとの心に浸透する。そのようにして気づかれぬままに精神の支配を樹立したものだけが、正統たり得るのである。

おそらく、ヴィンケンティウス自身もこのような正統の存在を信じていたことだろう。彼は、けっしてアウグスティヌスを論駁するためだけにあの定義を掲げたわけではない。彼が生涯の大部分を過ごした南フランスの地中海沿岸一帯には、修道院が多かった。禁欲と自己規律を重んずる修道者たちにとり、救いのためには神の恩恵だけでなく人間の努力も多少は役に立つ、と考えるのは当然だろう。その当時のその地方の人びとにとっては、それが「どこでも、いつでも、誰にでも」信じられていることだったのである。正統の背後には、常に人びとの集合的な経験がある。

宗教社会学の用語で言えば、これは「信憑性」の問題である。人間の文化世界は、人びとがどれだけ無宗教を自認しようとも、すべてこの正統性への信仰を前提として営まれている。にもかかわらず、われわれがその存在に気づかないのは、正統に自己隠蔽能力が備わっているからである。正統が正統として機能している限り、人は誰も自分がそれを前提として生きていることに思いをいたさない。平時において、法律や通貨や原発が当然の流通価値を維持しているのも、まさにこの正統の自己隠蔽能力のゆえである。この信仰が失われると、社会は生きづらくなる。この点は本書終章でもう一度論ずることとしたい。

4　根本教義なら正統を定義できるか

三位一体論とキリスト論

では、ある地域や時代にだけ妥当するような「ご当地正統」を超えて、全キリスト教を包含するような正統は、どこに見いだされるべきか。これが、冒頭のハルナックの問いであった。ハルナックは、その姿を見極めるために、キリスト教がさまざまに枝分かれする以前の出発点へと立ち戻り、ヘレニズム化が悪影響を及ぼし始める前の「始源」へ向かおうとした。その結果彼が到達したのは、イエス自身が宣《の》べ伝えた単純な福音である。ハルナックによれば、その内容は「神の国の到来、父なる神、人間の魂の価値、義と愛の戒め」などに尽きるのであって、三位一体論やキリスト論などの教義は含まれない。

　まともに勉強をしてきた神学の学徒なら、この結論には息を呑まずにいられないだろう。キリスト教信仰の根幹部分をなす教義といえば、何と言っても三位一体論とキリスト論である。それ以外の教理は、西方では確立していても、東方では別様の解釈がなされている、などということが十分にあり得る。たとえば先に挙げたアウグスティヌスの恩恵論や原罪論がそうである。しかし、西方であろうと東方であろうと、少なくともキリスト教を自認する限り、三位一体論やキリスト論で異なる見解をもつことはできない――はずである。だから古代から現代までの主要な異端は、すべてどちらかの教義からの逸脱を含む、と考えられてきたのではなかったか。

　念のため二つの教義の内容を略記しておこう。三位一体論は、三二五年に行われた第一回ニカイア公会議で定められたもので、神が父・子・聖霊の三位格をもつ一つなる神であること、つまりキリストが父なる神と実体を同じくすること(homoousios)を宣言した。もう一方のキリスト論は、四五一年のカルケドン公会議で定められたもので、子なる神がまったき神でありかつ同時にまったき人であって、神人の両性は混合することも分離することもなく唯一の位格の中に存在する、という内容である。どちらの教義も、制定時に排斥すべき異端が特定されていた。三位一体論は、父と子は同一でなく似た本質をもつ(homoiousios)と主張するアリウス派を斥けること、キリスト論は、両性論でなく単性論を主張するネストリウス派を斥けることを目的としていたのである。

ハルナックの主張は、つづめて言うと「そんなことどっちでもいいじゃないか」ということになる。それらはいずれも、イエスの宣べ伝えた福音とは無関係の、余計な哲学的枠組みにすぎない。キリスト教の「本質」はそこにはない、というのである。

内に留まる異端

歴史を振り返ると、ハルナックの言い分もよく理解できる。キリスト教は、たしかにいわゆる「正統派」の枠を超えて広がってきたからである。ここに挙げた二つの基本信条をめぐる論争も、けっして一度で終結したわけではない。三位一体論で正統派となったはずのアタナシオスは、その後の形勢逆転で何度も追放処分の憂き目に遭っているし、異端とされたネストリウスのキリスト教は東方へ伝播し、ペルシアや中国で数世紀にわたって栄えたこともよく知られている。

いや、かつてはそういう人びともいた、というだけではない。今日に至るまで、それらは興隆を保っているのである。たとえばカルケドン公会議で斥けられたはずの単性論派は、アルメニア教会、コプト教会、シリア教会、エチオピア教会など、今も相当数の規模をもっている。これらの教会は、みずからの立場を単性論ではなく「合性論」と称するが、詳細な神学的差違は措くとして、「非カルケドン派」に属することは間違いない。そして、彼らの歴史はどの教会よりも長い。アルメニアがキリスト教を国教と定めたのは、ローマ帝国よりも早く、第一回公会議にすら先立つ三〇一年のことであった。こうした教会の存在を、「異端」としてキリスト教伝統から切り捨てることは不可能である。二〇世紀後半には、実際に一部でローマ・カトリック教会との相互承認も進められてきた。

三位一体論で斥けられたアリウス派はどうか。彼らは、歴史的系譜としては途絶したが、思想的系譜としては常にキリスト教伝統の内部に伏在してきたと言える。キリストを道徳の教師として尊重したり、神的と言えるほどに優れた人間の模範として尊敬したりすることは、中世の神学者アベラール以来、特に近代のキリスト教思想に特徴的だし、今日も各国で活動している「ユニテリアン」教会は、その名称からして三位一体(トリニテリアン)論を否認する教派である。たしかに主流派とは言えないが、それでも彼らをキリスト教伝統の外部に置くことは困難である。

つまり、三位一体論やキリスト論という根幹部分にかかわる教義においてすら、キリスト教はその全体を包む正統性の集束を見いだすことができないのである。これらの教義は、たしかにキリスト教伝統の太い幹を定義したが、その先にはとても枝葉末節とは言えない野太い枝が伸びている。それらをすべて切り落として幹だけにしたものを正統とするなら、キリスト教はまことに寒々とした姿になってしまうだろう。ことによったら、枝葉からの養分を受け取ることができずに、幹自体が立ち枯れしてしまうかもしれない。

素朴な聖書主義の危険

こうした判断は、正統派を自認する真面目なキリスト教徒にはなかなか受け入れてもらえそうにない。だが、「聖書こそすべての教義の最終的な判定者である」という主張は、よほど注意深くなされるべきである。なぜなら、それを強調しすぎると、三位一体論とキリスト両性論という二つの根本教義もまた、極めて危うい基盤の上に立っていることが露呈してしまうからである。

実は、「三位一体」という言葉は、聖書の中には存在しない。その痕跡と言われるものが各所にあるのを総合して概念化しただけである。キリスト両性論については、むしろそれを否定する「養子論」の方が聖書的な証言に合っているとも言える。

かつてルドルフ・ブルトマンは、新約聖書においてイエスが「神」と呼ばれているかどうかを尋ねられ、次のように答えて周囲の人びとを慌てさせた。「共観福音書においても、パウロの諸書簡においても、イエスは神と呼ばれていない。使徒行伝においても、ヨハネ黙示録においても、イエスは神と言われていない」(ブルトマン 三二六—三二七頁)。イエスは常にご自分を父なる神と区別していたし、イエスに与えられた称号はすべて彼が神に従属するものであることを示している。何のことはない、聖書に書いてあることだけを頼りにするなら、むしろアリウス派の方に分がある、という話になりかねないのである。

5　始源も本質を定義しない

トレルチの本質論

にもかかわらず、正統は三位一体論とキリスト両性論によって担われてきた。それは、キリスト教が聖書という文書だけを正統性の根拠にしてはいないからである。キリスト教は、究極的には「書物宗教」や「啓典宗教」ですらない。なぜなら、神の言葉は、書物になったのではなく、人になったからである。この世界の歴史に受肉して、ナザレのイエスというひとりの人間になった。キリスト教はこの意味で「歴史的宗教」なのである。

では、その歴史の出発点へと還れば、いちばん大事なことが見つかるのだろうか。ハルナックはそう考えていたようだが、現代の聖書学は彼のような楽観を許容しない。史的イエスの探求は、一九世紀末から盛んになり、その後も何度か再興した。しかし、キリスト教の本質はそれだけで定義されるものではない。始源だけでなく、その後に辿った歴史の全体が、キリスト教の性格を決定づけているからである。

このことを明快に語ったのは、エルンスト・トレルチである。ハルナックの講義の三年後に、トレルチは「『キリスト教の本質』とは何か」という論文を著した。題に含まれる二重括弧に注意していただきたい。これは、直接「キリスト教の本質」を尋ねる問いであるよりも、「ハルナック大先生の言うキリスト教の本質」とは何か、を尋ねる問いであり、そんな風に「キリスト教の本質」を尋ねることにそもそも意味があるかどうか、を尋ねる問いである。

トレルチはその答えとして、福音がはじめから複合的で流動的で開放的な性格をもち、それ自身で適応し展開する精神的原理であったこと、したがって本質は原形態にではなく、歴史的諸現象の全範囲から抽出されねばならないこと、を論じた。本質を見定めるには、本質に必然的なものとそうでないものを見分ける作業が必要だが、この作業にはあらかじめ問われるべき論点が先取りされてしまっている。

本質はまた、歴史的概念であると同時に規範的概念でもある。つまり、単に過去から現在までの歴史を眺めてそれを客観的に総括すればわかる、というものではない。というより、そのような総括をするためには、現在までの歴史を基礎史料としつつも、その上で今度は現在から将来に向かって歴史に参与するという意志的な決断が求められる。そのような形成への参与なしに、本質を論ずることはできない。「本質規定」(Wesensbestimmung)はすなわち「本質形成」(Wesensgestaltung)なのである。

このような本質規定は、歴史研究の冠であると同時に、その止揚である。地に足をつけた歴史の最終到達点であると同時に、その終焉でもある。そこから先へは、神学の翼をつけて断崖から飛び出さねばならない。というより、あらかじめ神学の翼を備えて飛び立つ準備をした者だけが、地上の歴史を振り返ることができるのである。本質を論ずる者は、歴史の内在的な論理を辿るだけでなく、それを超越する規範の論理への険路を覚悟しなければならない。

客観的で無関与で中立的な歴史解釈、などというものは幻想である。すべての歴史は現代史である。これは、宗教史だけの問題ではない。何にせよ、ある歴史的事象の本質を論じようとする者は、すでに正統と異端の議論の中に足を踏み入れている。今日のわれわれに正統論が不可欠なのは、このためである。丸山眞男が時代を超えて今も読者を惹きつける理由も、おそらくここにある。それは、著者自身が正統なり本質なりをどのように受け止めていたかが、あらかじめ先取りされているからである。読者はそこに共感もし、反発もする。優れた歴史観は、どこか地上の歴史を超越した視点を含むものである。

聖書を超える規範

ハルナックの講義も同様である。トレルチは、あの講義がなぜあれほどまでに強い「魔力」(Zauber)をもったかを次のように説明している。ハルナックの出した結論は、間違っていたかもしれない。だが彼は、本質規定にはどうしても規範理念や歴史形成への参与という主体的要素が必要だ、ということを知っていた。だからあれほど多くの人に訴える力をもったのである。一面でそれは、主観主義に陥る危険を伴っている。しかし、歴史的キリスト教と相いれない理念をあえて本質規定に取り入れようとする者は、遅かれ早かれそのことを悟り、みずからキリスト教共同体から身を引いてゆく(トレルチ 二：一〇五—一〇六頁)。それが正統と異端の歴史において、実際に起こったことであった。

いずれにせよ、トレルチが明らかにしてくれたのは、始源は本質を定義しない、ということである。本質を定義する素材は、キリスト教伝統の歴史全体である。いや、過去の歴史全体も、それだけでは本質を定義するのに不十分である。本質を見定めようとする者は、現在を見極め、さらに将来を引き受ける、という歴史的な覚悟を決めなければならない。

正統を問う作業も同様である。正典は正統を定義しないし、教義も正統を定義しない。逆に、歴史的に存在する正統こそが正典や教義を定義するのである。

ここからして、必ずしも正典と整合的とは言えない教義が教義として認められる理由も明らかになる。教義は、正典からではなく正統から産出されるからである。

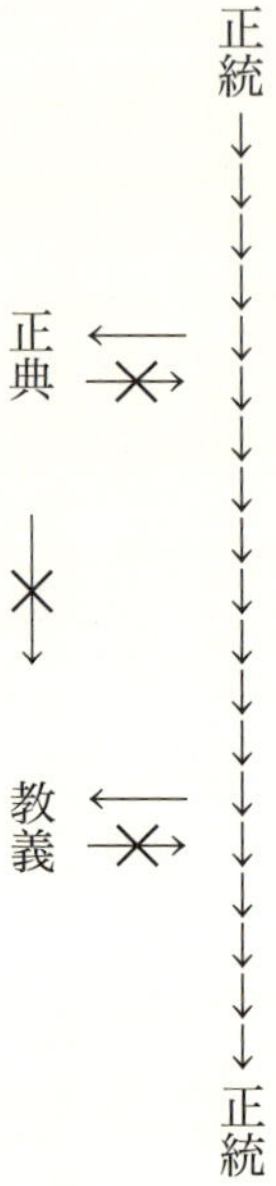

聖書主義一本槍のキリスト教理解が誤っているのは、この点である。教義を認証するのは、正典ではなく正統である。聖書に書いてあるから正統なのではない。聖書もまた、正統から認証を受けている。正典と教義は、お互いがそのように正統から認証を受けている限りにおいて、間接的ながらお互いを認証する関係となる。たとえて言えば、見知らぬ者同士であっても、共通の友人がいて請け合ってくれれば、お互いに信頼することができるようなものである。その信頼の根拠が正統である。

プロテスタント神学では、聖書を「規範する規範」(norma normans)と呼び、教義や信条を「規範化された規範」(norma normata)と呼ぶ。聖書がおおもとの規範であり、教義は聖書に合致する限りで規範となる、という意味である。どちらも規範力をもつが、あえて言えば聖書の方が少し強い規範だ、ということだろう。先に掲げた「正典↓教義↓正統」という順序がなぞられているが、そこに解釈学的な循環があることも含意されている。

しかし、本当に規範的な力をもつのは書かれざる集合的経験としての正統のみで、聖書も実はそこから由来した二次的な規範にすぎない。だからこそ、前節で見たように、明らかに聖書的証言を凌駕《りょうが》するような教義が認められる、という事態も起きるのである。教科書的なプロテスタントの聖書主義では、この事態を説明することができない。

6 「祈りの法」と「信仰の法」

経験から結晶する教義

実は、ハルナックが正しかった点がもう一つある。それは、彼が「経験」を重視したことである。最初期のキリスト教徒は、自分たちが経験したことを告白した。弟子たちはイエスが権威ある教師として語るのを聞き、力ある業をなすのを見た。みずからを犠牲にして彼らを愛し死んでいった十字架の姿を見た。だからイエスを主と告白したのである。彼らは、空《から》になったイエスの墓を見た。庭園で、宿先で、湖畔で、締め切った室内で、旅の途上で、復活のイエスに出会い、語りかけられる経験をした。だからイエスを復活の主と告白したのである。彼らの信仰は、プラトン主義やペルシア宗教や後期ユダヤ教といった周辺思想に影響を受けた思弁的な結論ではない。

三位一体論やキリスト論もまた、人びとの素朴な経験から押し出されるようにして形成された教義である。これを解き明かしたのが、ハルナックと同じ頃に全盛期を迎えた宗教史学派の代表的人物ブセットである。キリストは、なぜ神と信じられるようになったのか。ブセットによれば、当時のヘレニズム世界では皇帝や哲学者を「主」として礼拝することが盛んで、キリストもその対象の一つと見なされていた。だが、旧約的な唯一神信仰からすれば、神は父なる神ただ一人でなければならない。この矛盾を解決する方法として、キリストは神であり、かつ父なる神と同一である、とする三位一体論が生み出されたのである。

ハルナックは、ヘレニズム化を嫌悪するあまり、「経験を重視する」と言いつつ、まさにその経験こそが教義形成の背景にあることに思い至らなかった。彼は三位一体論をギリシア哲学の影響による思弁的産物と見なしたが、ブセットによればそれはもっと単純素朴な話で、人びとの信仰の経験がおのずと形をなしていったにすぎない。神とキリストとの同一視はあまりに自然な動きだったので、それは「意図的に形成されたのではなく、ただ生まれて育っていった」(Bousset, 332)。つまり、ほとんど神学的な反省を経ずに進んだのである。

キリスト崇拝は、人びとの祈りや讃美の中で、さらに進んでゆく。もしこのキリストが真に神であるなら、イエスは洗礼を受けた時にはじめて神の子とされたのではなく、ナザレ人としてマリアから生まれた際に、特別な生まれ方をしたに違いない。それが「処女降誕」である。いやもっと遡れば、このキリストは誕生以前にも神として存在し、そもそも天地の始まる創造の時から、父なる神とともにいましたに違いない。それがヨハネ福音書の語る「先在のロゴス」である。「処女降誕」や「ロゴス先在論」の教義は、原始キリスト教の発展過程においては比較的遅くなってから導入されたことが知られているが、その理由もここから理解できる。これらの教義は、少しずつ経験に押し出されるようにして、後になってから付け足されていったのである。

歴史を通して成長する教義

この意味でも、キリスト教は歴史的宗教である。それは、実際に生きた人びとがどのような信仰を抱き、どのように祈り、どのように礼拝してきたか、という積み重ねが体現する宗教である。このことを端的に表現しているのが、五世紀頃から使われている「祈りの法・信仰の法」(lex orandi, lex credendi) という格言である。ラテン語文法の常として、この格言の前半と後半のどちらが先かは曖昧だが、少なくとも「祈りの法」すなわち人びとの実際の信仰の実践形態と、「信仰の法」すなわち教義などの規範形成とが密接不可分である、ということに間違いはない。まず人びとの長い信仰の経験があって、その蓄積を言語表現へともたらしたものが教義である。

イエスの母マリアについても、同じように人びとの信仰は先へ先へと延伸していった。ローマ・カトリック教会が昔からマリアを崇敬の対象としてきた、ということは多くの人が知っているだろう。だが、それが教会の正式な教義となったのはごく最近だ、ということを知る人は少ない。マリアは、五世紀の昔から「神の母」(theotokos) と呼ばれて人びとの特別な敬愛を受けてきた。しかし、教会は何と千数百年もの間、マリアについてそれ以上のことを「信仰の法」として認めようとしなかった。人びとの度重なる請願を受けて、ついにマリアの「無原罪懐胎」、すなわちマリア自身がその母の胎内に宿った時点から原罪を免れていた、という教義が決定されたのは、一八五四年のことである。「被昇天」の教義、すなわちマリアが死の直後に天国へと上げられたとする教義が定められたのは、さらに一〇〇年後の一九五〇年のことである。

いずれも、人びとの長い「祈りの法」が教会を動かし、「信仰の法」へと結実していった例である。人びとの信仰の経験が生きているように、教義も生きて成長し成熟する。なかには老い、やがて環境の変化に適応できずに死を迎える教義もあろう。だから正統には生態学的なアプローチが必要なのである。

真の権威をもつ正統とは

以上の考察を経て、本章が提出すべき最重要の問いはこれである。――では、ある教義が正式に定められるまでの長い間、人びとの信仰は異端的だったのだろうか。もしそうであったなら、教会はそれまで異端だったものを、ある日突然に正統であると宣言したことになろう。

もちろんそうではない。正統は、教義になる前から正統だったのである。あらかじめ正統であるものだけが、教義になる。無原罪懐胎の教義を宣言した教皇ピウス九世は、「どこでも、いつでも、誰にでも」という先のヴィンケンティウスの言葉に依拠しつつ、なぜ今になってこの教義を宣言するのかを次のように説明した。すなわち教会は、「信仰の遺産」を変更することなく昔から伝えられてきたままに守ってきたのだが、それを「磨き洗練されたものとするため」に、教義の「発展」を認めるのである。教義として定められる前も定められた後も、その信仰は「同じ意味、同じ感覚」で受け取られねばならない(DS 2802)。つまり、教義として定められたから正統になったのではなく、人びとが長く実際に信じ祈ってきた内容そのものが正統なのである。

教義はいつも後追いである。先に教義が決まって、それを突然みんなが信じて祈るようになる、などということはあり得ない。まず、信仰の実践があり、やがてそれが教義として追認される。どんな権力も、先に「信仰の法」を定めておいて、それを「祈りの法」にせよ、と言うことはできない。なぜなら、ひとは祈るとき、自分の心に信じていることだけを祈るからである。信じていなくても、祈るふりをすることはできる。だが、本当に祈るのは、本当に信じていることだけである。その心の深奥に語りかける力をもつものだけが、真の権威をもつ。「正統」はそこに宿る。

第4章

聖職者たちが正統を担うのか

17世紀に描かれたペラギウスの肖像(Getty Images)

1 「地の黙した人々」に聞く

宗教の三つめの要素

ここまで「正典」(canon)と「教義」(credo)を扱ったので、残るは「職制」(ordo)である。「職制」とは、簡単に言うと当該宗教内の専門家集団、キリスト教では聖職者の秩序のことである。カトリック教会なら教導権(magisterium)をもつ教皇と司教たちを指し、これに公会議や個々の神学者たちの発言が階層的に含められる。プロテスタント教会はこのような明快なヒエラルキーをもたないため、絶えず分裂と独立の圧力に晒されて神学的なアナーキーへの傾向にあるが、それでも教派ごとに見れば一定の権威をもつ解釈者集団が存在することに変わりはない。

おそらく、正統をめぐる疑念がもっとも高まるのも、この三つめに関してだろう。正典にせよ教義にせよ、文字になったものはすべて解釈が必要である。憲法の解釈に最高裁判所や内閣法制局があるのと同様である。宗教改革者たちも聖書の言葉を解釈してカトリック教会を批判し、カトリック教会はその同じ言葉を別様に解釈して対抗した。ということは、正典や教義が何と言おうと、結局その意味は人間がそれをどう解釈するかに依存するわけである。その解釈を一手に引き受けるのが、教会では聖職者たちである。つまり、聖書だの伝統だのと言っているけれど、早い話が結局最後は特定の人間たちの思惑で神の真理が決められているのではないか——こうして陰謀論が生まれることになる。

カトリック教会のカテキズム（入門者用解説書）では、聖書への信仰ですら、教会の権威がなければ成り立たない、とされている。まず教会を信じなさい、その上で、教会が（つまり聖職者が）解説してくれるままに聖書を信じなさい、ということである。聖書の権威は教会の権威に依存し、その意味は教会が解釈する通りに解釈すべきなのである。

「万人祭司制」を唱えるプロテスタントは、このようなカトリック的な権威体系を嫌うが、すでに述べたとおり、プロテスタントにもプロテスタントなりの聖書解釈の伝統が備わっており、教会ではほぼそれに沿って聖書が読まれている。「聖書のみ」という彼らの聖書理解そのものが、プロテスタント的な伝統に準拠したものだし、宗教改革者たちも教会を「聖なる恵みの施与施設」(Heilsanstalt)と位置づけていたので、構造的にもこの点はさほど異なるわけではない。

ただし、ここでも前章で触れたヴィンケンティウスの定義は有用である。「どこでも、いつでも、誰にでも」の、「誰にでも」の部分である。「誰にでも」ということは、「聖職者のみ」ではない、ということである。ヴィンケンティウスも、万人の意見がもつべき比重にそれぞれ違いがあること、すなわち一般信徒よりも司祭、司祭よりも司教、個々の司教よりも公会議、という階層性があることは否定しない。だが、この階層性は数の上では逆進する。下に行けば行くほど、層は厚いのである。そして、キリスト教の重要な教理が定められてゆく過程では、この圧倒的な多数者の祈りと典礼の実態こそが権威をもつ。だから陰謀論はいつも愚かで的外れなのである。

的外れな「陰謀論」

具体例を一つだけ、アウグスティヌス(三五四―四三〇)の言葉に見ておこう。彼は、「原罪」や「予定」といった神学の枢要点を論じるに際して、自分より前の世代の神学者たちに典拠を尋ねたが、思うように見つけることができなかった。そこで彼はどうしたか。神学ではなく、人びとの祈りに目を向けたのである。

自分たちの祈りを深く洞察して欲しい。これらの祈りは、教会がその初めより常に所持してきたものであり、この世の終わりにいたるまで所持するであろうものである。というのも現在わたしたちが、新たな異端に反対して、単に言及するだけでなく、はっきりと守り、擁護せざるをえないこの事柄について、教会は、その祈りにおいて黙したことは一度たりともないのである(著作集一〇:三三二頁)。

ここでは、数人の神学者たちの意見よりも、万人の祈りの方が尊重されている。なぜなら、異端が起こって神学者たちの間に議論が始まるまで、誰も「議論に付す必要を感じなかった」ものこそが正統だからである。正統を定めようとしてその典拠となる神学的な議論を探しても見つからないのは、それが論じられるまでもなく万人に信じられ受け入れられていたからに他ならない。だから正統を理解するには、「教会がまだ神学の中で教えておらず、信条の中で告白していなかった時でも、地の黙した人々に尋ね、彼らが信じている教理を読み出す」（ペリカン 一：四四七頁）ことが必要なのである。

「教理」とは、一握りの権力者が密室で決めた知的産物ではない。単に「定められた」だけではなく、それ以前にまず「信じられ・教えられ・告白された」事柄である。神学者たちが未だ十分に語っていないことも、教会の祈りは初めから明快に語っている。だから教理史の研究は、「告白された事柄から、教えられた事柄へと、更に信じられた事柄へと、遡って読んで行かねばならない」のである（同三九頁）。正統は、少数の専門家よりも大多数の一般信徒に宿る。

2　厳格な性倫理という誤解

正座の信念かあぐらの信念か

このことは、正統と異端をめぐるもう一つの通俗的な誤解にも気づかせてくれる。「正統」というと、いかにも謹厳で道徳的でしかめ面をした偉そうな人物が心に思い浮かぶ。まるで「正しさの権化《ごんげ》」のような顔をした人物が、権力をかさに着て、邪悪な異端を審問し弾圧する、という絵柄である。

しかし、正統の存在論からすると、こうした想定は幾重にも誤っている。正統を担っているのは、一部の権力者ではなく大多数の一般信徒である。「大衆」と言ってもよいが、それは一時期の瞬間風速的な多数意見ではなく、ヴィンケンティウスに倣って「いつでも」「昔っから」「いつからとは覚えていないほどに前から」と言えるほどに長い間、つまり時間軸においても多数と言える「大衆」である。

とすれば、そういう大多数の人びとが、いつもきちんと襟を正して折り目正しく生活しているわけがない、ということもすぐに理解できるだろう。正統とは、正座している人ではなく、あぐらをかいた人びとの信念である。同じ姿勢で何十年という長い期間を過ごすことのできる、無理のない自然体の考えのことである。厳格な思想や生き方は、この意味での多数者が担えるものではない。そういう厳格さは、正統ではなくむしろ異端の方に見いだされる。少数の精神的エリートだけに可能な存在のありかたを希求するのが、異端だからである。このことも、初代教会の具体的な争点から例示しておこう。

最重要教義の陰で

第一回ニカイア公会議(三二五年)が三位一体論という最重要教義を定めたことはすでに記した通りだが、この会議がそれ以外にも重要な決定をしていることは、あまり知られていない。公会議の記録は三部構成で残されており、三位一体論に関わるのは最初と最後だけなので、あいだに挟まれた「規程」が注目されることはなく、教理史家も論じないからである。

しかし、二〇条から成るその規程の冒頭には、読む者をたじろがせるような定めがある。「去勢」の禁止である。

第一条　病気のために医者によって切断された者、または野蛮人から切断された者は、聖職者として留ることができる。しかし、健全な人が自分自身を切断した場合、聖職者であればその職位から辞任すべきであり、また、そのような人物を聖職者としてはならない

(DS 128)。

つまり、やむを得ない事情により去勢された者は別として、健康な者がみずからそれを望んで行った場合には、聖職者にはなれない、という定めである。みずから望むというのは、禁欲の究極的な実践のためである。この問題が「規程」の冒頭で扱われているのは、その深刻さと重要度のゆえだろう。それは、三位一体論と同じくらい重い。その重みを理解してもらうには、キリスト教の性倫理をめぐるもう一つの誤解を解いておく必要がある。

キリスト教の性倫理

一般に、キリスト教に限らず宗教はみな禁欲的なものだ、と思われているかもしれない。特に性に関しては、僧侶の独身制や修道院制度などが目につくためか、厳格で禁欲的な印象を受けるのだろう。だが、少なくともキリスト教に関して言えば、これは明らかな誤解である。

実は、聖書は人間の性について一貫して肯定的である。その揺らぐことのない根拠は、人間がその肉体的な性を含めてすべて神の善なる創造物だ、という認識にある。人間は、創造の秩序の初めから男と女とに創造され、性を含む男女のありかたそのものが「神のかたち」を体現するものとされている(「創世記」一章二七節)。

ここから導き出される旧約的な倫理は、ほとんど恥知らずなまでに現世肯定的である。ユダヤ教の律法遵守は、マックス・ヴェーバーの炯眼《けいがん》が読み解いたとおり、禁欲主義とは何の関係もない。律法に則ってさえいれば、性衝動の満足は合法的であり、思う存分の生の享受は善なのである。旧約聖書はまた、人間であれ動物であれ、去勢を厳しく禁じている(「申命記」二三章一節)。神の善なる創造を意図的に毀《こぼ》つ行為だからである。

新約聖書も基本的にこの肯定を踏襲している。精神だけでなく物質や肉体も、神の祝福のもとにある創造の一部である。だからイエスも「創世記」を引用しつつ、男女の性を善として結婚を祝福したのである(「マルコによる福音書」一〇章六—九節)。パウロは切迫した終末意識からこの世の事柄への関与には消極的だが、その彼も夫婦間の性の交わりは肯定している(「コリント人への第一の手紙」七章三—五節)。聖書時代の理解では、教会の指導的な役割を担う者は既婚者であるべきであり(「テモテへの第一の手紙」三章二節、「テトスへの手紙」一章六節)、禁欲の勧めは「悪霊の教え」であるとすら言われている(「テモテへの第一の手紙」四章三節)。

キリスト教の結婚観は、当時のローマ社会における結婚観とも整合的でなければならなかった。一夫一婦制は、ローマ市民にとり家系と遺産の継続性を担保する重要な社会的制度であり、個人道徳の規範的原理だったからである。教会教父たちも、初期の終末意識が希薄化すると、合法的な結婚という枠内においてではあるが、性欲や性愛をおおらかに肯定するようになった。

禁欲思想がキリスト教的な性倫理と異質であることは、以上でよく理解できるだろう。

去勢禁止の歴史的意義

キリスト教が生まれ落ちたヘレニズム世界には、いくつもの有力な禁欲思想が存在した。肉体を魂の墓場ないし牢獄とみなすピュタゴラス派やプラトン哲学、あるいはみずからの情動を厳しく管理することでアパテイア(無情動)に至り解放と幸福を得ようとするストア派などである。周辺世界ばかりではない。キリスト教自身の内部にも、禁欲志向は断片的に存在していた。特に新約聖書には、霊と肉を対立させる二元論的な言辞が散見される。それは、後期ユダヤ教の黙示文学的な世界観とも近似的だったし、グノーシス思想の救済論とも構図が似ていたため、それぞれがもつ現世否定的な倫理が互いに共鳴して禁欲的に響くこともあった。

キリスト教という宗教は、これら内外の禁欲思想との熾烈な競合の中で、何とかそれを斥けることによって、ようやく自己確立を遂げた宗教である。もしこの差別化ができなかったなら、生まれたばかりのキリスト教は、いずれかの勢力に取り込まれ、彼らの衰退とともにやがて地上から姿を消していたことであろう。

このような時代背景から見ると、ニカイア公会議の去勢禁止条項がいかに重要な歴史的一歩であったかがよくわかる。人間の性は、神の善なる創造の一部であって、邪悪でも反神的でもない。それは注意深くではあっても基本的に尊ぶべきものであって、健康な肉体を毀損することで斥けられるべきではない――これが、聖書的な性理解の大原則であった。聖職者の独身制が推奨される場合にも、破戒の可能性を身体的に摘み取ってしまうことによってではなく、あくまでもみずからの意志によって節制を志すことが求められているのである。

禁欲主義は、その本性からして大衆的ではあり得ない。禁欲思想の代表的な担い手は、上に触れたようないくつかの哲学的教派であった。必然的にそれは、教育を受けた知的な人びとの思想で、一部の上流階級には受け入れられたが、大多数の人びとには無縁の実践困難な生のありかたであった。そのような少数派の厳格思想に正統が宿ることはない。正統は、「誰にでも」信じられ実践されるべきものだからである。

修道院制度のはじまり

なお、念のため修道院という制度にも短く触れておこう。初期キリスト教は、一方では周辺世界の禁欲思想と一線を画しつつも、他方でそれらが誇る生の理想にも劣らない高度な倫理的水準をもつことを示さねばならなかった。それを証しするのが、次第に教会共同体から独立して存在するようになった禁欲者たちの集団である。砂漠へと退去した禁欲者たちは、教会の批判者ではない。彼らは、俗世にある教会と並んで、しかしそれに煩《わずら》わされることなく、キリスト教の内部に存在する禁欲傾向をみずから引き受けて、自由に観想の生を送りたかっただけである。

修道院制度が三世紀頃に始まったことにも、歴史的な背景が見て取れる。それは、迫害が終わり、救いへの確かな道とされた「殉教」ができなくなった時代である。その代わりを果たすのが、殉教と同じく生涯を神に捧げる「禁欲」であった。禁欲は、平和な時代にも可能な殉教のひとつの方法だったのである。かくして、多数者の世俗内教会と少数者の教会外禁欲とは、互いに緊張と距離を保ちつつ、その後のキリスト教史を動かす力学の基本構造を形づくっていった。

3 オリゲネスの後悔

聖書の正しい読み方

初期キリスト教の禁欲理解、特に「去勢」に関する理解を概観する者は、オリゲネス(一八五?—二五四?)に触れずに済ませることはできない。オリゲネスは、迫害下で殉教を遂げた父から古典を学び、若くしてアレクサンドリアの校長となり、後にカイサリアへ移った後も多くの弟子を育てつつ聖書註解や教理論を著した、「アレクサンドリア学派」の代表的な神学者である。彼自身もデキウス帝による最後の迫害で命を落とすが、生前から食事や睡眠、労働や衣服に至るまで、万事にわたって厳しい禁欲的な生活を送ったことで知られている。

教会史家のエウセビオス（二六〇？―三三九）によると、そのオリゲネスは若い頃、みずから去勢したという。それは、「天国のために、みずから進んで独身者となったものもある」（「マタイによる福音書」一九章一二節）というイエスの言葉を字義通りに受け取ってのことである。若かった彼は、男だけでなく女にも聖なる学問を講じていたため、「不信仰な者たちの下種《げす》の勘ぐりをすべて断ち切ることができる」とも考えたらしい（エウセビオス 下：三一頁）。

イエスの言葉は、ときに挑発的である。山上の説教で「姦淫をするな」と説いた時には、「だれでも、情欲をいだいて女を見る者は、心の中ですでに姦淫をしたのである」とした上で、「もしあなたの右の目が罪を犯させるなら、それを抜き出して捨てなさい。五体の一部を失っても、全身が地獄に投げ入れられない方が、あなたにとって益である」（「マタイによる福音書」五章二七―二九節）と語っている。こうした言葉は、生真面目なオリゲネスを強く刺激したことであろう。

ただし、後年のオリゲネスは、これらを文字通りに解釈して自分の身体に適用するのは誤りであるとし、重要なのは「心の欲情を断ち切ることであり、身体に触れることではない」と、至極まっとうな解釈に戻っている（小高 一九九二年：三二頁）。傍目《はため》からすると、もうちょっと早めに気づいてもよさそうなものだが、これこそ「後悔先に立たず」と言うべきか。こうしてみると、聖書を読むというのは、どうやらかなり危険なことのようである。ことに、まじめ一辺倒な読み方が危ない。一つ間違うと、とんでもない結果をもたらすからである。

ついでに触れておくと、パウロも同じように挑発的な発言をすることがある。原始教会の中には、キリスト教とその母胎であったユダヤ教との区別ができず、キリスト教徒になるためにはまずユダヤ教徒にならねばならない、と考える人びとがいた。律法の定めにより、ユダヤ教徒になるためには割礼が必須である。パウロはそういう論者たちに我慢がならず、そこまで固執するなら「あなたがたの煽動者どもは、自ら不具になるがよかろう」と言い放っている(「ガラテヤ人への手紙」五章一二節)。もちろん、パウロも実際に去勢を奨励しているわけではない。割礼と去勢はまったく異なる行為だが、割礼を極端に誇張して、その有無を問うことの愚かさを批判しているだけである。だからこれも文字通りに読んではいけない。聖書は、そこそこいい加減に読むに限る。それが正しい読み方なのである。

慣行が規程になる

イエスの言葉も、それが発せられた文脈の中で読まれねばならないだろう。「情欲」をめぐる上述の発言は、離婚の是非を尋ねたパリサイ人への答えに含まれており、独身という制度や身体的な去勢は焦点になっていない。むしろ当該の問答からは、創造者なる神の善なる意図として人間が男と女に造られていること、その男女の結婚は神の祝福のもとにある聖なる秩序として尊重されねばならないこと、が読み取れる。同じ文脈で「母の胎内から独身者に生れついているもの」や「他から独身者にされたもの」があることにも言及されているが、そうでない限り、去勢をみずから望んだり、去勢が善であるかのように考えたりすることは許容しない。こうした複合的な判断が、前節に引用したニカイア公会議の禁止規程に率直に反映されている。

若き日のオリゲネスの行為は、後に彼が司祭に叙階される時に問題視されることになる。反対者がそれを理由に、彼の司祭職の剝奪《はくだつ》を訴えて争議を起こしたのである。彼の叙階は紀元二三〇年頃のことなので、ニカイア公会議の禁止規程ができるまでには、まだ一〇〇年近い年月がある。しかし、規程ができるはるか以前から、去勢手術は異教的な習慣として警戒されており、司祭職にふさわしくないと考えられていたことがわかる。アレクサンドリアでは、すでに紀元一五〇年頃から、去勢手術を受けるには総督の許可が必要であった。オリゲネスが故郷のアレクサンドリアでは叙階されず、カイサリアに移ってようやく叙階されたのも、それが原因だったかもしれない。ここでも、公会議の規程は、教会の実際的な慣行の積み重ねを踏襲し、それを成文化したものである。それは、禁止されたから異端になったのではない。異端だから禁止されたのである。

4　高貴なる異端

ペラギウスの怒り

オリゲネスはその死後も神学的な賛否両論の焦点となり、一時は異端とされて著作の多くが散逸することになった。その異端論議が交わされ始めた頃のローマにやってきたもう一人の生真面目人間が、ペラギウス(三六〇?―四一八?)である。彼もまた、オリゲネスに劣らず道徳的に謹厳で、博識と教養を備え、人格的にも清廉かつ高潔であった。ブリテン島からやってきたペラギウスは、豊かなローマ社会の退廃と不道徳を目の当たりにしてこれを痛烈に批判し、たちまち良家の若者たちに強い影響を与えて熱心な共鳴者と支持者を得る。

ペラギウスの人間理解は、あくまでも聖書に忠実である。もし、ここまで何度も強調してきたように、善なる神がご自身にかたどって人間を善なる被造者として創造したのなら、人間には善をなす能力が備わっているに違いない。人間は、善悪を区別する判断能力をもち、悪を斥け善を選ぶ意志の自由をもつ。もちろん誰もが常にそうするとは限らないが、それでも人は善をなすことを喜び、悪を行えばそれを悔いて恥じる。それは、各人がみずからのうちに良心の法廷をもっているからであって、それこそ人間が他の動物とは異なることの証《あかし》であり、人間が固有な尊厳をもつことの徴《しるし》である。だから人は、常に向上を目指し、自他と社会を改善すべく努めなければならない――ペラギウスはそう説いて回り、人びとに高度な倫理的生活の実践を要求した。

そのうちに、彼はアウグスティヌスの名前を聞くようになる。北アフリカに生まれ、自分とほぼ同年輩で、同じようにイタリアで回心を遂げた後、故郷に戻って司教となったこの人物は、『告白』という書物を著し、それが人びとの間でよく読まれていた。ある日のこと、一人の司教が彼の面前でその書物から引用した祈りの言葉を唱えると、ペラギウスは我慢ができないほどに激昂してこれに反論し、ほとんど喧嘩騒ぎになってしまった。

いったいどんな言葉だったのか。それは、「あなたの命じるものを与え、あなたの欲するものを命じ給え」(Da quod iubes, et iube quod vis)という祈りであった。アウグスティヌスは、神の意志に従うために神の助力を求めている。人間が神に従うことができるのは、自分の力によるのではなく、神の恵みがあるからだ、という理解である。厳格な道徳主義者ペラギウスにとり、このような祈りは堕落以外の何ものでもない。神はすでに人間を完全に向けて造られたのであるから、それ以上の助力を求めることがそもそも不埒《ふらち》である。

人間は、完全になる能力を与えられている。現にイエスも、「あなたがたの天の父が完全であられるように、あなたがたも完全な者となりなさい」(「マタイによる福音書」五章四八節)と命じているではないか。これは、理不尽な要求ではない。実現不可能なことではない。神がそれだけの能力をわれわれに与えておられるのだから、われわれはそれを目指さなければならないのである。本性上必要なものはすべて揃っている。あとはそれに自分の意志を足せばよいだけである。逆に言えば、もし進歩が見られないなら、それは努力が足りないせいである。その努力にはいささかの弛緩も許されず、怠惰にはいかなる釈明の余地もない。

自由の唯一の確証

ペラギウス派の論理は透徹していて、後にカントが定式化することをその一四〇〇年ほど前にきちんと言い切っている。カントの実践理性の命題は、「汝にはそれが可能である、何となれば汝はそれをなすべきだから」(Du kannst, denn Du sollst)だが、これをペラギウスの共鳴者カエレスティウスの言葉で言い直すと、「もしそうあらねばならないのならば、そうありうる」(Si debet, potest)となる。どちらの命題も、人間が道徳法則に従うことを命じられている以上、人間にはそれが可能なのだ、と述べている。

可能であるというばかりではない。カントによれば、人間が自由であるのは、ただこの一点においてのみである。人間は、自然法則においては因果律に支配されており、完全に自由であるとは言えない。しかし人間は、生得的に与えられている道徳的な判断と行為の能力により、自然法則を超えて、いやそれに逆らってすら、道徳法則に従う決断をすることができる。だから人間は、道徳法則への服従においてのみ、自分が自由な存在であることを確認できるのである。

アウグスティヌスの祈りがペラギウスを苛立たせたのは、それがこのような人間の善への能力を否定するかのように響くためである。アウグスティヌスは、すべての人間は「原罪」をもって生まれており、みずから善をなす自由意志が損なわれている、と言う。もしそうなら、人間は自分の罪の責任を取らなくてよいことになる。

誰も、「空を飛べ」と言われてできなくても、責められるいわれはない。本性からして不可能なことだからである。ペラギウスからすると、アウグスティヌスはそれと同じことを言っている。「人間は無能力だ」と言うことは、人間の怠慢に口実を与え、言い逃れを許すことに等しい。何とも無責任きわまりない話ではないか。

5　凡俗なる正統

普遍的経験としての原罪

これに対し、アウグスティヌスはここでも正統の担い手である。換言すれば、凡俗なる大多数の代弁者である。われわれ誰しも、なすべきだと知っていながらなさず、してはならないことをしてしまうことがある。使徒パウロが嘆く通り、「善をしようとする意志は、自分にあるが、それをする力がない」のである。パウロはこれを、「罪の法則」が自分を虜《とりこ》にしている、と表現した（「ローマ人への手紙」七章一五―二五節）。アウグスティヌスの言葉に置き換えると、これは以下のようになる。「転倒した意志から情欲が生じ、情欲に仕えている間に習慣として固まり、習慣に逆らわずにいる間に必然とみなされるようになりました」（著作集五―一：三九八頁）。

このような状況をみずから体験せずに大人になる者はいない。パウロもアウグスティヌスも、ルターも親鸞も、われわれと同じ罪の深淵を覗き込んだ。それを「責任逃れ」と批難する者は、よほどの強者か、あるいは完璧な欺瞞《ぎまん》者であろう。「わたしは、なんというみじめな人間なのだろう。だれが、この死のからだから、わたしを救ってくれるだろうか」。パウロのこの絞り出すような絶望の苦吟こそ、「どこでも、いつでも、誰にでも」共有される実存の真実である。

二〇世紀アメリカの神学者ラインホルド・ニーバーは、「原罪」の教義をキリスト教信仰の中で「唯一経験的に実証できる教義」と呼んでいる（Niebuhr, 24）。なぜ人は、悪を行わずに生きることができないのか。一度も嘘をつくことなく、一度も悪に手を染めることなしに、完全に善なる生涯を送ることのできる人が、どうしてこの世に一人もいないのだろうか。聖人ですら、いや聖人であればあるほど、みずからのうちに潜む邪悪さに気づかずに生きることはできない。これは、時代と文化を超えて、民族や宗教の違いを問わず、人類の歴史全体が実証している普遍的事実である。人はそれを、教育の欠如や経済の格差や政府の無能さや国連の機能不全のせいにすることはできるかもしれない。だが、それらが改善されれば、人間は理想郷を築き、善に生きることができるようになるのだろうか。

苛烈な平等主義

アウグスティヌスは、人間の堕落という普遍的な現実を見据えている。人間は、ペラギウス派の言う通り、たしかに善なる存在として創られた。その自然本性には自由意志が備わっている。だから、本来的な人間は「罪を犯さずにいることもできる」(posse non peccare) 状態であった。しかし人間は、神の恵みなしに自力で生きることを求めて高慢になり、その結果、「罪を犯さずにいることができない」(non posse non peccare) 状態に陥ってしまった。

その堕落がどうして全人類に広まったのか、アダムの罪が性交と出産によって遺伝したのか、そもそも誰もが逃れられない運命なら、どうして責任を問われねばならないのか——そんな問いは、神学者たちに任せておけばよい。些細なことを何世紀も平気で論じ続けられる連中のことである。だが、彼らがそれにどんな答えを与えようと、人類の普遍的な堕落という事実は変わらない。「原罪」の教義は、近代啓蒙の自律的な人間理解からすると、とんでもなく理不尽で噴飯ものの神話でしかないだろう。それでも、この事実を否定することのできる者はいない。

ペラギウスは、キリスト教の修道者というよりは、峻厳なストア派の賢者を思わせる。彼は、毅然たる意志によってみずからを律し、弛《たゆ》まぬ克己の努力により、自分の手で自分の運命を切り開こうとするプロメテウス的な存在である。その貴族的で道徳的な精神に比べ、アウグスティヌスの描く人間像は、苛烈な平等主義に貫かれている。ペラギウスが個人的修養によるエリートの徳と完成を求めるなら、アウグスティヌスにとり万人は神の怒りの子である。どんなに優美な品性も、いかに強固な克己心も、神の前では所詮どんぐりの背比べでしかない。その限りにおいて、人間はみな平等なのである。

正統は、この凡俗に宿る。それは、「どこでも、いつでも、誰にでも」信じられてきたことでなければならないからである。一部の聖職者たちが正統を担うのではなく、彼らの権力闘争が正統を生むのでもない。

第5章

異端の分類学
発生のメカニズムを追う

ツヴェタン・トドロフ
(Getty Images)

1 正統の存在論

教義の制定と法律の制定

本書前半の議論を振り返って整理しておこう。

われわれはふつう、「正統」というと、何らかの正しい規範に基づいて定められたものと受け止めている。丸山眞男も、血筋や派閥といった権力継承の順当さを拠《よ》り所とする「L正統」と、何らかの普遍的な原理や教義から導出される「O正統」とを区別して、後者をより本来的な意味での「正統」と考えていた。

だが、ここまでの説明で明らかなように、正統が規範や原理や教義から作り出されることはない。初代教会の歴史を振り返ってみると、正統は正典や教義によって作られたのではなく、逆に正典も教義も正統によって作られたことがわかる。というより、正統はそもそも「作られる」ものではなく、おのずからして存在するものである。正統を「作られたもの」と考えている限り、正統の本来的な在処を突き止めることはできない。

教義の制定は、法律の制定に似ている。法律も、ある日いきなり定められるのではなく、その法律によって規定されるべき事態がまず存在し、それを後追いするかたちで制定される。もちろん、制定に際しては現実のすべてが容認されるわけではなく、容認されることとされないこととの区分けがなされ、適法と不適法の線引きが行われる。それでも、そこで正しいと認定されたことは、法律ができたから忽然《こつぜん》と正しくなったわけではなく、法律ができる前から正しかったのであり、その正しさが法律によって追認された、というにすぎない。

教義も正典も後追い

教義も同じである。教義によって正統と認められたものは、その教義が制定されたから正統になったわけではなく、すでにそれ以前から長期にわたり人びとの間で正統と信じられてきたことであって、それが教義へと結晶したにすぎない。カトリック教会におけるマリア論がそうであったように、長い間の人びとの祈りの慣習(祈りの法)が教義(信仰の法)を生む。別の表現をすると、あらかじめ存在論的に正統であったものだけが、教義により認識論的にも正統と認められる、ということである。つまり、正統は存在論の領域にある。教義を正統の根拠とすることは、認識論的な理解の偏重である。

この関係は、正典と正統についても言うことができる。正典も、正統の根拠ではない。むしろ逆で、正統が文字へと結晶したものが正典である。正典の編纂と成立の過程を歴史的に辿れば、この前後関係は否定のしようがない。新約聖書学の泰斗メッツガーは、かつてこの関係を音楽になぞらえて次のように説明した。すなわち、正典の制定は、世界中の学者や専門家が集まって、「バッハとベートーベンは素晴らしい音楽家であった」と公式に宣言するようなものである。人びとはそれにどう反応するだろうか。「ご親切はありがたいが、そんなことは言われなくても知っている」と答えるだけだろう(Metzger, 287)。これが、正統のありかたである。バッハとベートーベンが素晴らしい音楽家であったと認定されるなら、それはすでに多くの人びとがそう信じているからに他ならない。本書が追い続けているのは、このあらかじめ存在している事態としての「正統」である。

2　現代民主主義の酩酊

今日のペラギウス主義

前章末で考察したペラギウスは、人間が神の助力を受けることなしに善を行い完全な存在になることができる、と主張して「異端」に数えられることになった。神学史的に言うと、このペラギウス主義を斥けることで成立したのが「原罪」という教義だ、ということになろう。

だがそれは、罪についての古典的な教説としてよりも、現代人に特有の自己理解の陥穽《かんせい》を指摘する教えとして意義があるように思われる。世界の中に自己を定位しようとする現代人がしばしば抱く誤解ないし幻想――それは、自分という存在が自分の意志の産物である、と思い込むことである。

ブルガリア出身の政治哲学者ツヴェタン・トドロフは、この現代人の自己理解の陥穽をペラギウス主義から読み解いている。二〇世紀は、民主主義が全体主義と共産主義という巨大な敵と戦い、そして勝利した世紀であった。しかし、二一世紀を迎えた今、民主主義はその内部から崩壊する危険に晒されている。この危険は、民主主義が外部の敵と戦っているうちは顕在化しなかったが、実は当初から民主主義に内在していたものである。トドロフの言葉によると、その危険とは「自分自身に酩酊《めいてい》する意志」の思い上がりである（トドロフ 一五頁）。

民主主義は、人民、自由、進歩という三つの構成要素をもつが、それらが互いの制約を逃れて唯一の原理として暴走すると、それぞれポピュリズム、新自由主義、政治的メシアニズムという怪物を生み出してしまう。この行き過ぎのことを、古代ギリシア人は「ヒュブリス」（思い上がり）と呼び、キリスト教は「ペラギウス主義」と呼んだのである。ここに、本来的に善であったものから異端が生ずるプロセスの原型がある。現代の民主主義諸国に住む者は、ヒュブリスに対する神々の怒りも、「原罪」という人間本性の堕落も、ともに信じないかもしれない。だが、われわれの目前で次々に展開する民主主義の綻《ほころ》びは、酩酊した意志の思い上がりがどのような帰結をもたらすかを否応なく示している。

自由の擬制

ペラギウスの思想は、フランス革命の過激な世界改良計画において近代に蘇った。それは、自由意志の力でユートピアを建設しようとする思想であり、キリスト教史に繰り返し興った「千年王国思想」という異端そのものである。トドロフはこれを「政治的メシアニズム」すなわち「メシアなきメシア信仰」と呼んでいるが、メシア（救世主）は存在しないのではなく、自己肥大化した「人民」がメシアを僭称《せんしょう》している、と理解すべきだろう。政治的メシアニズムにおいては、革命は必然的に恐怖政治へと転化する。至高の善を実現するためには、各人が犠牲を払いつつ精進するのが当然の要請とされるからである。このプロセスは、その後も高潔な目的を掲げて侵略を正当化する植民地主義に、あるいは爆弾によって民主主義と自由市場を押しつける強制的な進歩主義に、繰り返し表現されてきた。

ペラギウス主義とは、善が勝利することへのほとんど宗教的な信頼のことである。その信頼は、現代社会のさまざまな局面にあらわれている。新自由主義は、公平な市場で正しい情報さえ与えれば、各人は必ず公益を選択し、社会の進歩を実現する、と信じている。原子力発電は、進歩する科学技術に制御不可能なものはない、という強い信仰に支えられている。表現の自由は、民主主義にとって何ものにも代えがたい善だと信じられている。いずれも、本来的に善であったものからいつの間にか悪が生ずるので、それを素朴に信じてきた者にとり、転化は悪夢のように信じがたいシュールな超現実となってしまうのである。

　だが人間は、絶海の孤島に住む自足的な存在ではなく、その決定は環境や社会に制約されてしばしば非合理的である。フクシマは、原発のリスクが「他人に迷惑をかけなければ何をしても自由」というリベラルな世間道徳の想定をはるかに超えるものであったことを全世界に知らしめた。ムハンマドの風刺画事件は、無制約な表現の自由が他者を傷つけるまでに個人の専横を許してしまうことを教えている。

　共産主義体制下で育ったトドロフは、こうした自由の擬《ぎ》制《せい》にとりわけ敏感である。民主主義は、各人の自由な決断という前提の上に成り立っているが、それはギリシア時代からすでに虚構と化す危険を擁していた。有能なソフィストは、高度な見識ではなく魅力的な語り口で人びとを説得するデマゴーグの育成を有料で請け負う。現代のデマゴーグは、マスメディアやインターネットを駆使して人びとの意識を操る。新技術による情報の公開と共有は、民主主義を前進させるかに見えることもあるが、そこで流され共有される情報は、あらかじめふるいにかけられているのである。自己決定の主体であるはずの人民は、かくして操作される群衆と化す。人間は、けっして自己の運命の支配者ではない。自由は制約の下でしか存在せず、善は暴走して悪に転化する。そして歴史はアイロニーの舞台となる。

民主主義の暴走

トドロフの著作は二〇一二年に発表されたものだが、「自分自身に酩酊する意志」の思い上がりを論じた彼の分析は、あたかもトランプ大統領の出現を見た後に書かれたかのような現実切迫感に満ちている。もちろんトドロフも、民主主義に代わるべきよりよい政治体制があるとは考えていない。問題は、民主主義の限界を知りつつ、その暴走にブレーキをかけることである。

民意は、ときに暴風となる。だが、「どこでも、いつでも、誰にでも」の正統は、瞬間風速では測れない。立憲民主主義の設計者たちはそのことを知っており、アメリカの大統領選挙にはそれを防ぐための手立ても講じられていた。選挙人を選ぶ、という間接選挙がそれである。しかし、現代の民主主義はそうした知恵を顧みない。時代遅れの既得権益を擁護するエスタブリッシュメントの思想としてしか受け止めないからである。

既成の権威構造が崩壊し、ラディカルな体制の変革が叫ばれる時、自己の善を過信するペラギウス主義が再興する。民主主義は自制を失い、その本来的な構成要素であったものが暴走を始める。これが、正統から異端が生じる道筋である。次にこのメカニズムを正面に据えて論じよう。

3　異端発生のメカニズム

政治的メシアニズムの肥大化

民主主義を構成する諸要素は、それぞれ民主主義体制の中で互いに抑制と均衡を保っている限り健全な働きをするが、その一つが暴走を始めると、社会を内側から崩壊させる危険をはらむようになる。グローバル化や移民の流入などにより国家の独立した自己支配力が弱体化すると、その綻びを衝いて既存の権威構造を一気に融解させようとする「政治的メシアニズム」が噴出する。フランス革命以降の近代社会は、このようなメシアなきメシアニズムの出現を繰り返し経験してきた。

ラディカルな体制変革を掲げる者は、その暴力的な現状突破によって到達すべき彼方の王国を指し示す。彼らが巧みなのは、その到達すべき王国をまだ誰も見たことがないのに、なおそれが素晴らしい理想郷であることを信じさせてしまう、というところである。この点において、彼らは至福千年王国を掲げた歴代の革命家たちと同型の発想をしている。

本来的に善なる要素の暴走という構図は、あまたの異端思想が共通して辿る発生経路である。すでに何度か繰り返してきたように、正統ははじめから正しい神学として確立していたのではない。正統をかたちづくる正典や教義は、常に後知恵として付け加えられるのであって、正統の正統たる所以《ゆえん》ではない。異端もまた、はじめから異端として明確に刻印づけられて存在し始めるのではない。後に異端となる要素は、後に正統として認知されることになる母なる胎のうちに芽生え、ある時点まではそのまま健やかに成長を続けてきたものである。

だが、やがてその塊は不均衡な発達を示すようになる。母体は、それが不気味な影を宿していることに気づくと、最初は何とかこれを正常な構成要素としてみずからのうちに包み込もうと努める。しかし、母体のその努力そのものが補給する養分によって、塊はますます肥大化し、ついに内部処理のできない異物として認識されるようになる。この時点で、母体は内への吸収と同化を諦め、正反対に転じてこれを外へと排出しようとする。その異化と排出に成功すれば母体は存続するが、失敗すれば母体は全身の支配を奪われて乗っ取られ、それ自身としては死を迎えることになる。

異端は選ぶ

「異端」(heresy)という言葉は、「選択」(hairesis)という意味のギリシア語に由来する。ある教義体系の中から特定の一部を選び出し、これに不均衡なまでの執着を示すのが異端の特徴である。すべての事象をこの構図だけで理解することはできないにしても、「健康な全体からその本来的な構成要素であった一部が不均衡に亢進して生ずる」という異端の発生過程は、キリスト教に限らず多くの宗教に、また宗教に限らず多くの思想や世界観に、共通して見られるものであることがわかる。

初代教会史に名を残す異端は、みなその出発点においては「啓示の真正な、しかし部分的な一面を熱烈にとらえるもの」であった（小高 一九八四年：一一七頁）。異端は、起点において常に真摯であり、一定の熱量をもつことを共通の特徴としている。その熱量は、全体の一部に集約して消費される。はじめから異端の烙印が押されているわけではない。いや、中身は同じであっても、それが全体とどのような関係に立つか、ということ次第で正統にも異端にもなるのである。それがどちらに転ぶかは、すぐにはわからない。第二章で見たように、「歴史の審判」を経ねばならないのである。だから正統と異端の区別には時間がかかる。

4　分派・異端・異教

キリスト教もはじめは異端だった

ただし、時間を逆方向に遡ってみると、別の問題も顔をのぞかせる。実はそのキリスト教もまた、出発点においては異端だった、という事実に突き当たるからである。言うまでもなく、ユダヤ教から見た異端である。キリスト教は、はじめユダヤ教の内部で孕《はら》まれ、増大する矛盾を抱えながらもある期間はその中で成長を続け、ついに異物として排出されるに至った。その構成要素には、ユダヤ教から引き継いだものも多分に含まれており、ユダヤ教という母体からすれば、やはり善なる一部要素の悪しき暴走、という位置づけになろう。

事実、イエスの弟子たちが集まった最初期の教会は、「ナザレ人らの異端」と呼ばれている(「使徒行伝」二四章五節)。これは、ユダヤ教の大祭司アナニヤがローマ総督にパウロを訴えた際の言葉である。アナニヤは、パウロのことを「疫病のような人間」、「世界中のすべてのユダヤ人の中に騒ぎを起している者」、そして「ナザレ人らの異端のかしら」と告発している。彼の目からすると、この男は騒動と紊乱《びんらん》の首謀者であり、神殿を汚す者であり、ユダヤ教という宗教にとって間違いなくけしからぬ人物である。

ところが、ここで「異端」(口語訳)と訳されている言葉は、別の訳(新共同訳聖書)では「分派」と訳されている。原語は同じ先ほどの hairesis だが、「異端」と「分派」では日本語のニュアンスがかなり違ってくる。宗教学の一般的な用語法では、「分派」は同一宗教内に留まるもので、教義上の相違が重大でないものを指す。日本の政党政治になぞらえれば、党内派閥として認知されていれば「分派」、主流派に睨《にら》まれれば「異端」、やがて党を割って出れば「異教」であろう。あとはその後の人気次第で確立もすれば消え去りもする。

だが、ここで同じ言葉が両方に訳されていることからわかるように、この区別は曖昧で便宜上のものにすぎない。そもそも両者の間の線引きは、あらかじめ内容的な判断を先取りしていなければ不可能である。キリスト教は、はじめユダヤ教内部の「分派」として容認されていたが、やがて「異端」として拒否されるようになり、最後にユダヤ教の枠組みを脱して新しい宗教すなわち「異教」へと転成していった。旧約の律法をどこまで遵守すべきかを論じている頃はまだ「分派」だったものが、ユダヤ教徒に必須とされた割礼を不要と断じたあたりで「異端」となり、イエスを約束されたメシアとして受け入れた時には判然とした「異教」となっている。

異邦人伝道をめぐってペテロからパウロへと主導権が移行するプロセスは、民族宗教としてのユダヤ教から世界宗教としてのキリスト教への転成の記録でもある。あるいはそれは、母なるユダヤ教との出生上の繫がりをどう受け止めるかという、いわば未成年のキリスト教が青年期に自己確立を遂げようとする際の精神分析的な葛藤の記録として読むこともできよう。

イスラム教の場合

念のため、イスラム教についても同じことを確認しておこう。イスラム教には、キリスト教における聖職者集団(ordo)が原則的に存在しないため、正統の定義や担い手を同じカテゴリーで考えることはできない。それればかりか、成立期には皇帝のような政治権力も存在しなかったため、宗教的な正統性はすなわち政治的な正統性であった。

イスラム教における正統性は、最終的には預言者ムハンマドの血統を継承する者は誰か、という一点に集約されて問われることになる。今日よく知られるようになったスンナ派とシーア派との区別も、ムハンマドの従弟で娘婿であったアリーの位置づけをめぐる見解の相違が起点となっている。スンナ派が彼を第四代のカリフとみなすのに対し、シーア派は彼以前の三人のカリフを認めず、アリーを初代イマームと考えるからである。シーア派とは、「アリーの党派」という意味である。いずれの派においても、指導者の正統性は預言者自身がその血筋を後継者として指名したことに由来する、と考えられている。つまりイスラム教においては、正統とはすなわちL正統のことだ、ということが出発点からすでに明確になっているのである。

この血統に基づいて預言者を継承した者は、ムハンマドの無謬性《むびゅうせい》も継承する。カトリックの場合には、教皇の発言といえども無謬とされるのは「聖座から」(ex cathedra)なされた信仰と道徳に関する発言だけである。これに対してイスラム教では、「カイサルのものと神のもの」という区別なしに、宗教と政治の両権にまたがる全権が継承される、ということである。

ただし、教義的な発展のプロセスは、本書が初期キリスト教史において検証したのと、きわめて相似的である。はじめに信仰内容の明確化を図ったのは少数派のシーア派などで、多数派には正統としての自覚すらない状態が長く続いた。今日イスラム人口の九割を占めるスンナ派が学説として教義を確立させたのは、ずっと後の一一世紀になってからのことである。つまり、正統も異端も、O正統の議論とはひとまず無関係のところで成立している、ということである。

「分派」「異端」「異教」の区別が曖昧な点も同じである。「分派」と訳されるものには複数のアラビア語が存在するが、同一宗派の内部で互いに承認されている「学派」とも重なって複雑である。しばしば言及されるのが、預言者の言行録「ハディース」に則した慣行（スンナ）かどうかという基準だが、それに則さない「ビドア」であっても、「異端」というより「逸脱」ないし「革新」の意味合いが強く、すべてが否定されるわけではない。

これを超える範疇には、「カーフィル」（背信者）や「リッダ」（棄教者）がある。これらには強い拒否感が伴い、神への冒瀆として死刑に値すると見なされる。ただし、たとえばドゥルーズ派やアラウィー派が分派なのか異教なのかは、立場により見方が異なるであろうし、バハーイー教やヤズィーディ教になると、イスラム教との関係はさらに重層的で、当事者たちの自己理解も時代ごとに変化する。詳しくは専門家に委ねる他ないが、「異端」とその隣接語の切り分けは、イスラム史においても容易ではない。

漢語としての「異端」

以上、「分派」「異端」「異教」それぞれの境界線は、後代の宗教学が想定したがるほど明確ではない、ということがわかる。

同じ問題は、今われわれが使っている「異端」という漢語にも見て取れる。この漢語は、『論語』為政篇一六にある「攻乎異端、斯害也已」に由来するが、そこで孔子の言う「異端」が何を意味していたのか、またその「害」が何を指していたのかは、必ずしも明瞭ではない。宋代の朱子は、この「攻」を「学ぶ」という意味に解し、「異端の教えを学んでも害にしかならない」と読むが、他に「攻」を「攻撃」という意味に取り、「異端を攻撃しても害にしかならない」と読む者もあった。朱子は「正道異端如水火之相勝」として、正道と異端とが火と水のように相容れないことを論じているが、ここで朱子の言う「正道」とは儒教、「異端」とは仏教のことである。つまり、今日の用語なら出自も体系もまったく別ものの「異教」が「異端」と同列に論じられているのである。

なお、この『論語』の箇所の原義をめぐっては、丸山眞男が大家たちの架空討論を愉しげに展開した「中国古典における「異端」の字義をめぐって――天国からの衛星中継によるテレビ討論」があるので、少しだけ紹介しておこう。それぞれの出席者が孔子の「攻」と「害」の字義をどのように理解したか――というより丸山がそれらをどう読んだか――を並べてみると、以下のようになる。

まず山鹿《やまが》素《そ》行《こう》はこれらを解釈して、力を以て異端を攻撃しても相手を心服させることはできず、かえって逆効果をもたらしてしまう、という意味に読む。一方、伊藤仁斎《じんさい》は当該節を学問方法論の一つとみなし、根本のところをおさえれば末端は自ずから治まるので、枝葉末節に拘るのは無益有害だ、という意味にとる。これに対して荻生《おぎゅう》徂《そ》徠《らい》は、権力に同調せず「異心《ふたごころ》を抱く」こと、つまり分派活動を行って天下に騒乱をもたらす害をいましめたのだ、と解釈する。

この解釈に決然と異を唱えるのは中井竹山《ちくざん》である。彼は、『史記』や『後漢書』などの古文に見られる「異端」という言葉がそのような解釈を許容しないことを考証で示す。最後に佐藤一《いっ》斎《さい》は、異端を攻撃すると先方もまた反撃をするため、かえって害が甚だしくなる、という解釈を掲げ、「太陽一たび昇るならば、百の妖怪も一目散に遁げ去」るので、吾人のなすべきはただ「我が道を明らかにするの一点」に尽きる、と結んでいる(話二：八―二五頁)。

「日本」という統一宗旨

「天国」で行われたにしてはかなり激越な論戦で、皮肉や人格攻撃もふんだんに織り込まれており、書き手の愉悦がいかにもよく伝わってくる筆致である。各論の内容的な是非を云々するような知識はわたしにはまったくないが、丸山がこうした諸派横断的な対論を秘かに願っていたであろうことはよく推察できる。江戸儒学の抱いていた矜恃《きょうじ》が「O正統」のそれに近いことを感じさせるからである。

他宗に対する儒者たちの正統意識は、山崎闇斎《あんさい》ではさらに戦闘的になる。彼が一六四四年に著した『闢異《へきい》』は、標題が示す通り、異端の誤りを闢《ひら》き邪説の弊害を指摘することを目的としている。闇斎は、若い頃は朱子と同じように仏教を学んだが、朱子の書物に接して儒教へと「回心」し、当時の儒仏融合の風潮に強く反発するようになった。ここに言う「異端」とは、儒教から見た仏教とりわけ禅宗であり、「邪説」とは輪廻転生や因果応報といった仏教の教えである。

闇斎はさらに、「蠻學《ばんがく》天主の教え」すなわちキリシタンを排撃することにも強い意欲をもっていた。幕府は一六一二年には禁教令を出したが、一六三七年に起きた島原の乱を受けて、一六四〇年には宗門改《しゅうもんあらため》役《やく》を設置した。闇斎は、こうした背景の中で『闢異』を執筆しており、その後も陽明学やキリスト教への接近を匂わせる者に対して容赦のない批判を展開していった。

これらの精力的な闢異論は、「異端」とその隣接語の切り分けの難しさを例証してくれるが、もう少し深いところで別のことも教えてくれるように思われる。それは、「儒教」といい「仏教」といい「道教」といっても、それぞれ別個の「異教」としてではなく、より大きな「日本」という統一宗旨の内部に存在する「分派」ないし「異端」として認識されているのではないか、ということである。ここでの正統は、あくまでも日本なのであって、論者たちが交わしているのは、その正統をどの宗派が担うか、という争いである。キリシタンも例外ではない。キリスト教という「外教」が日本の政治的な覇権を担ってしまってよいのかどうかが焦点なのであって、その限りこれらの異端論争は、O正統というよりやはりL正統の系列に属するように思われる。丸山が秘かに願ったような対論は、彼自身がよく悟っていたように、結局のところ叶うことのない夢だった、ということになる。

危ういバランス

ところで丸山眞男は、闇斎学派の正統論にも「当初の僅少の偏向の契機が歴史的発展とともに肥大して明白な異端性を露呈する」という経緯があることを指摘している(集一一：二五〇頁、二七九頁)。本章で見てきた「本来的に善なる要素の暴走」という異端発生のメカニズムが、ここでもそのまま再現されていると言ってよい。そこで紹介されている佐藤直方《なおかた》(一六五〇―一七一九)の理気論は、門外漢にとってもまことに興味深いので、彼の『學談雜録』から直接引用しておこう。直方は闇斎の高弟で、普遍的な天下の理と形而下の気をともに尊重する「理気妙合」を唱えていた。

理気の二つなければならぬゆえに異端が理をすてても其の理に似たものを杖につかねばはたらかれず。……たとえば人の路を行に左の足ばかりにても右の足ばかりにても行れず。異端は片足で行と云たものなり。然れどもゆかれぬゆえに一方の足の代りに木か竹にて足をこしらえたれども後に附た仮りものなれば根本の足のようにはたらかれず不自由なり（佐藤　八一－八二頁、引用にあたり片仮名を平仮名にして、現代仮名遣いに改めた）。

「異端は片足で行（く）」――異端とはつまり、対立するものとの全体的な統一を欠いて偏って行くもののことである。片足では遠くまで行くことができず、杖などを使うが、それはいかにも後から取って付けた代用品なのでやはり不自由だ、というのである。もちろん、両足で歩くものすべてが正統とは限らない。求められている中庸や平衡は、単に「機械的な中間的立場」を保持すれば実現できるわけではなく、「矛盾しあるいは対立する二つの契機のいずれをも捨象せず、いずれをも一方的に肥大させず」という危ういバランスの上にようやく成立するものである（集一一：二八〇頁）。朱子から闇斎を経て直方へと継承された「理気妙合」論も、本来ならば合せざるものが合することの「妙」にこそ強調点がある。

キリスト教の「三位一体」論も、まさにそのような動的平衡の中からかろうじて生み出された正統であった。いかにして三が一であり得るのか、という不可能な問いをめぐって、「存在」

「本質」「位格」といった高度に抽象的な概念がギリシア語とラテン語で飛び交い、その激しいスクラム合戦の下からぽろりとこぼれ出るように生まれたのが正統教理である。第一回公会議でアタナシオス派とアリウス派の間に繰り広げられた政治的な駆け引きの激しさはよく知られているが、その最終的な帰趨《きすう》は、父と子の本質が「同一」（homoousios）なのか「相似」（homoiousios）なのかという極小のイオタ（i）の違いにかかっていた。この極小の一字をめぐる論争が、やがて巨大な溝渠《こうきょ》へと発展し、正統と異端とを分けてゆくことになるのである。

「異端」のうちあるものは「異教」へと成長し発展を遂げるが、あるものはそのまま歴史の彼方へと消えてゆく。「異教」すなわち新しい宗教が自己確立を遂げた段階で、そこに新たな「正統」が成立し、今度はその中でまた正統と異端のせめぎ合いが始まる。歴史はこの繰り返しである。

第6章

異端の熱力学
中世神学を手がかりに

ジオットー「インノケンティウス3世の夢」
に描かれた聖フランシス(Getty Images)

1　社会主義体制との比較

原点回帰の幻想

異端は、はじめそれ自身では善良でおとなしい構成要素であったものがいつの間にか肥大化し突出する、という共通の発生経路をもつが、もう一つの特徴は「原点回帰」である。原点へ回帰すれば、現時点までの発展過程にまとわりついている不純な夾雑物《きょうざつぶつ》を一挙に清算することができる、と想定するからである。原初的な啓示と自己の現在とを無媒介に接続すると、ラディカルな理想主義と英雄的なリゴリズムが生まれる。だから異端は必然的に少数たらざるを得ない。これに対し、正統は「俗世の不完全さ」を前提して出発するので、「人間と社会の欠陥に寛容」である。

この対比は、以下本章で読むことになる堀米庸三《ほりごめようぞう》の分析を先取りして示したものだが、第四章でみた異端の高貴さと正統の凡俗さにも対応しており、トレルチ的な「キルヘ」(最大母集団)と「ゼクテ」(少数精鋭集団)という対比とも順当に合致する。

キリスト教の場合、「原点」とは聖書時代の啓示ということになろう。しかし、多くの場合それは「全体的にではなく部分的に、つまり異端の主観的真実に合致するかぎりにおいて」理解された啓示である（堀米　一九六四年：三七頁）。マルキオンやオリゲネスやペラギウスといった人びとは、それぞれが真正と考える原点から純粋に引き描かれる線の上を歩むことを決意した、実に尊敬すべき人物であった。

だが、そこで想定される原点は、先に検証したように、それほど単純でも純粋でもない。源流と思われるものは、すでにその時点で多元的ないし多極的な契機で構成されている。それらが地表水になるか地下水であり続けるかはともかく、原点へ還ればおのずと本質を定義することができる、という考えは、歴史学的には素朴にすぎる。トレルチが看破した通り、原点回帰において本質と見定められたものは、実のところそれを見定めようとする観察者の形成的な思惑をなぞっているにすぎないからである。

ソヴィエト社会主義の場合

異端発生のメカニズムは、ソヴィエト社会主義の歴史にも見ることができるが、ここでは別の帰結が生じている。フルシチョフによるスターリン批判が開始されたとき、ソヴィエト体制そのものの指導原理であるマルクス・レーニン主義はそのまま正統の座を維持した。個人崇拝や弾圧粛清などを「スターリン個人に属する異端」と見なし、いわば異物の排除ないし排泄行為として本体から分離させたからである。これは、母体が異物の排出に成功した例である。

では、この排出劇における両者の位置づけをどう受け止めるべきか。もしかすると、ロシア革命を継承する真の「正統」は、むしろ「異端」とされたトロツキーであったのかもしれないし、ブレジネフ以降のソヴィエト体制は、スターリン時代へと回帰していったと解すべきなのかもしれない。はたしてどちらが佐藤直方《なおかた》の言う「片足」で歩き、どちらが両足で歩いているのか、当時の専門家にもその判断は難しかっただろう。まさにこうした熾烈な正統論争が生じるところに、丸山のコミュニズム「O正統」論の手応えがある。ファシズム体制では、各国間に正統をめぐるこのような議論は起こらなかったし、起こり得なかったからである。

ソヴィエト政権に関する一連の世界史的な事件を同時代人として見つめてきた世代にとり、これらの判断は自分自身の思想的な立ち位置にも遡及する鋭い実存の問題であっただろう。共産主義体制の実験が幕を閉じてすでに久しい今日、なおこの問題に触れざるを得ないのは、「スターリン批判」という異端処理の方法が、カトリック教会の正統維持の方法ときわめて相似的だからである。堀米庸三によると、異端者によるケガレは、聖なる教会が担っている神的な正統性を侵さない。教会の聖性は、個々の聖職者の聖性に依存しないからである。同様に、共産主義の正統性は、スターリンという大祭司の徳性に依存しない。だから、彼が犯した過ちはその屋台骨を揺らがせることにはならないのである。

堀米の正統論

そして、おそらくこの異端処理に関する微妙な解釈のずれが、堀米の正統論に対する丸山の不同意につながっている。両者の解釈を突き合わせれば誤解の原因もそれとなく納得できるが、今日の眼からすると、それは二人がともに「時代の子」であった、というごく当たり前のことを証言しているだけのことなのかもしれない。

堀米の『正統と異端』は、中世の教会改革を秘跡論から通観するもので、出版後半世紀以上を経た今もなお光輝を失わない古典的な名著である。同書に沿って中世の秘跡論を理解することは、正統性と合法性の区別を考える上でもきわめて重要である。

なお、一一世紀のグレゴリウス改革は、政治思想史においては一般に「叙任権闘争」として知られるが、その中核は教会の内部浄化であり、内部浄化の支柱は秘跡（サクラメント）論であった。そしてこの秘跡論は、古代教会のドナティスト論争から基本的な枠組みを受け継いでいる。したがって、以下の説明では、先後関係が錯綜する堀米の叙述順序に従わず、発端としてのドナティスト論争から始めて、順に歴史を下っていった方がわかりやすいだろう。

2　ドナティストの潔癖

寛容か無節操か

「ドナティスト」とは、秘跡の有効性をめぐって四世紀の北アフリカに興った厳格主義的な運動のことで、その名称をカサエ・ニグラエの司教ドナトゥスに負っている。運動の主たる担い手が当地の被支配民族であったポエニ人やベルベル人たちだったことを考えると、おそらくそれはローマの覇権に対する反体制運動としての性格も有していただろう。

論争の発端は、ディオクレティアヌス帝の迫害下で教会を裏切った者(traditor)が迫害後に帰ってきて、咎《とが》めだてを受けることなく司教に叙階されたことだった。ドナトゥスは、棄教者たちを寛容に受け入れるカトリック教会を「売春婦」に喩えて強く批難した。折も折、三一三年にはコンスタンティヌス大帝が「ミラノ勅令」によりキリスト教を公認している。ヨハネ黙示録が「大淫婦」と呼んだローマ国家と、かくも親密な互恵関係に入ったカトリック教会に、ドナティストはいっそう嫌悪感を強めたことであろう。本書の目線からすると、彼らの異端的な性格はすでにこうした厳格さに見えており、逆に教会の正統性もそのいい加減さに見えている。

最初にドナティストの批難に答えたのは、三一四年すなわちミラノ勅令発布の翌年にアルルで開かれた教会会議であった。集まった司教たちは、「異端から教会に帰正する者」に再洗礼を施す必要はない、という決定をした(DS 123)。同時に、司祭が棄教したなら、本人は司祭職を解かれるべきだが、その司祭が司教となって叙階した他の司祭たちはそのまま司祭であり続ける、とも規定している。洗礼も叙階も、サクラメントとして生涯にただ一度受けるだけで、無効になることもなく、したがって繰り返されることもない、ということである。

厳格派からすれば、この決定は教会の腐敗を蔓延させる無節操きわまりない判断である。悪しき司祭が司教となって他の者を叙階すれば、爾後《じご》将来にわたって汚染を再生産し続けることになるからである。ローマ教会は、「万世一系の天皇」という発想にも似て、使徒ペテロ以降の「使徒的継承」(apostolic succession)を切れ目なく維持することを重視しているので、これは深刻であったに違いない。

ドナティストは、アルル教会会議の結論にもコンスタンティヌス帝の裁定にも服することなく、カトリック教会から距離を置くようになり、いよいよ自分たちの聖性を主張するようになった。彼らは、汚れた教会との交わりを断つため、相手方には娘を嫁がせず、パンを売らず、挨拶を返さず、同室に坐ることもしなかった。後にようやく両者相まみえて会議を開いた時には、ドナティスト側が「偽る人々と共にすわらず」という「詩篇」(二六篇四節)の言葉を盾にしてどうしても着席することを拒んだため、カトリック側も起立し、全員が終日立ったまま会議が行われた、ということである。現代の日本ならこれでだいぶ会議の時間が短くなったはずだが、この会議はさらに数日間続いたということだから、昔は神学論争も体力勝負だったらしい。

正統教会の傷

勢いづくドナティストに対して神学的な論戦を展開したのは、アウグスティヌスである。同じ北アフリカのタガステに生まれ、ヒッポの司教となった彼にとり、ドナティスト論争は生まれる前から身近に存在し、生涯にわたって関わり続けた同郷の問題であった。

ペラギウス論争でもそうだったが、ここでもアウグスティヌスは正統の代弁者である。換言すれば、いい加減で寛容なカトリック教会の代弁者である。彼は、ドナティストに粘り強く語りかける。いわく、教会は聖人の集まりではなく、罪人を招くところである。教会を成り立たせているこれら個々の罪人の悪は、教会そのものの神聖さをいささかも損なうことがない。なぜなら、教会は神のものだからである。

そもそも教会は、完全無欠ではあり得ない。裏切り者が悔い改めて教会に帰ってくるのは、切り取られた小枝が接ぎ木されるようなものである。接ぎ木される時には、親木にも新しい傷がつけられ、その傷を通して小枝に親木の生命が分与される。だから異端者を受け入れるとき、正統教会も無傷であることはできない。教会は、純粋さを犠牲にして異物を受け入れることで生命を修復する。異端の受け入れは、ちょうど健康な全体性から突出して不均衡に亢進した異端の発生プロセスを、逆向きに巻き戻すことである。正統は、正統ならざるものを受け入れ、みずからが不純となることでその全体性を維持する。「清濁併せ呑む」からこそ、教会は正統であり続けることができるのである。

ただし、アウグスティヌスにとってこれは、教会がどこまで寛容であるべきか、という種類の問題ではない。教会論ではなく、秘跡論が焦点なのである。背教者が再び洗礼を受けたり、離教した司祭が再び叙階を受けたりする必要がないのは、「サクラメントは決して損われえない」からである（著作集八：二五頁）。秘跡において働いているのは神の恵みであって、施行者はその経路であり道具であるにすぎない。だから施行者の個人的な属性は、恵みの有効性に何ら障害をきたさない。簡単に言うと、どんなに悪い人間が行っても、その作用自体は有効なのである。

洗礼を授ける者は誰も、「わたしの洗礼」とは言わない。洗礼は、父子聖霊の三位一体の名によってのみ授けられるのである。洗礼は、それ自体で聖なるものなので、授ける者や受ける者がたとえ人殺しであっても、有効である。ここに、ソヴィエト体制のスターリン批判という異端処理の方法との相似性がほんのりと浮かび上がっている。

3　秘跡論から見る正統

悪臭にも汚れない光

この秘跡理解は、その後カトリック教会の公式見解として何度か表明されることになる。五世紀末には、アカキウスの棄教事件に際して、同様の判断が示されている。コンスタンチノープルの大司教だったアカキウスは、カルケドン公会議が定めたキリスト両性論に異を唱えてローマから破門されたが、本人はその破門の効力を認めず司教職にとどまり続け、逆に彼もローマ教皇を破門したため、教会は三五年にわたって東西に分裂した。

では、その間に彼が行った叙階は有効か。この問いに回答を与えたのが、教皇アナスタシウス二世の書簡「離教者が授けた諸秘跡の有効性について」(Exordium pontificatus mei)である。

離教した司教アカキウスが洗礼を授けた者、また彼が規定に従って司祭、聖職者に叙階した者はアカキウスの離教によって影響を受けない。秘跡の恩恵は悪人によって授けられても弱められないことは明らかだからである。洗礼は、たとえ姦通者または盗人によって授けられても、それを受けた者を少しも傷つけない(DS 356)。

同書簡の巧みな喩えによると、それは「太陽の光線がひどい悪臭を放つ場所にさしこんでも、少しも汚れない」のと同じである。

消えない印

カトリック教会の歴史は息が長い。この話が次に出てくるのは、ほぼ千年後の一四三九年のことである。エウゲニウス四世は、ペストの猖獗《しょうけつ》を避けて各地を転々とする公会議のさなか、大勅書「エクスルターテ・デオ」(Exultate Deo)を出す。これは、アルメニア人との合同に際して、カトリック教会の七つの秘跡を教義的に明示することを目的とした文書である。ここで確定された七秘跡のうち、洗礼、堅信、叙階の三つは、それを受けた者に「消えない印」(character indelibilis)を刻みつけるので、「繰り返して授けるべきではない」と定められた。

なぜこの「印」は消えないのか。それは、秘跡の真の授与者が司祭ではないからである。洗礼の「効果を発する主要原因は聖三位一体であり、道具因は授与者である」(DS 1313-1315)。授与者も必要だが、その存在は単なる道具因にすぎない。要するに誰でもいいのである。

カトリック神学が多用するアリストテレス的な原因論をあてはめると、洗礼における「質料因」(material cause)は水、「形相因」(formal cause)は洗礼定式文である。通常ならその次に「作用因」ないし「動力因」(efficient cause)が来るが、そう書かれていないのは、おそらくそれが二つあるからだろう。洗礼の「作用因」は、「外的」には司祭だが、それが効果を発する「主要原因」は聖三位一体である。つまり、人間の授与者は添え物にすぎない。定式を守り、受ける者に真摯な意向さえあれば、洗礼は聖職者でなくとも授けることができる。信徒でも女性でも、いな異教徒や異端者ですら、洗礼を授けることができるのである。この公式見解は、今日に至るまで変わっていない。

宗教改革後のトレント公会議になると、叙階の秘跡に際して与えられる「霊的印章」は「消されることも、除去されることもない」と明確に宣言されている(DS 1767)。だから、ひとたび叙階された者は、再び信徒に戻ることはできない。

「非合法だが有効」

では、聖職に任じられた者に不適切な点が見いだされたらどうなるのか。この議論が非常に面白い。カトリック教会法によると、その場合は聖職者としての身分を喪失する。この身分喪失を laicization と呼ぶが、日本語でこれを「還俗」と訳すのは厳密には誤りである。なぜなら、すでに説明した通り、聖職者はけっして「俗人に還る」ことができないからである。

とすると、聖職者としての身分を喪失するとはどういう意味か。その人は、「叙階に基づく権利の行使」を「禁止」されるのである（『カトリック新教会法典』一二九〇－一二九二条）。これは実に不思議な定義である。「禁止」されるということは、その能力はまだ残っている、ということである。能力がなくなっているなら、禁止するまでもない。身分喪失者は、聖職権の行使を「禁止」される。それを行使する「権利」はない。その「正当な」(licit)行使はできない。

裏を返せば、禁じられていても行使はできる、ということである。権利なき行使、不当な行使はできる、ということである。もしそのような聖職者がミサを行えば、その秘跡は非合法(illicit)ではあるが、にもかかわらず有効(valid)だ、ということになる。何という不思議な論理であろうか。

「非合法だが有効」(illicita sed valida)というこの論理の奥深さは、神の恵みの印を人間が消し去ることはできない、という神学の要請に基づいている。あえてこれを他の業態に喩えるなら、「有能だが免許を剝奪された医師」がいちばん近いかもしれない。その医者が診察することは法律で禁じられており、薬を処方すれば違法になる。だがそれでも、その診察や投薬は効くだろう。「非合法だが有効」な司祭は、手塚治虫の漫画に出てくる無免許の名医「ブラック・ジャック」のような存在である。

教義史においては、このサクラメント理解は「事効論」(ex opere operato)と呼ばれる。直訳すれば「なされた業から」という意味で、「人効論」(ex opere operantis)つまり「なす者の業から」

ではない、ということである。秘跡の施与者の人格や品性は、秘跡を通して働く神の恵みにとって、偶有的なものにすぎない。先に引用した古代的な表現を使えば、太陽の光はゴミ溜めに射し込んでも汚れないのである。

教会も神を信じていた

この奇妙な理解の定式は、実際のところ何を示しているのか。それは、「教会も神を信じていた」ということである。教会なのだから、神を信じているのは当然だ、と思われるかもしれない。だが、巷《ちまた》の陰謀論はそう考えない。権力を握った正統派の最高権力者は、もはや神を信じてすらいない連中だ、ということになっている。「神を信じていない」というよりは、むしろ「自分が神になっている」ないし「自分を神と同一視している」ということだろう。

神を信じているのは素朴で騙されやすい民衆だけで、その民衆を思う通りに操作しているのが正統派を自任する教会の権力者たちだ、というのがお決まりのパターンである。いわば神をそっちのけにして自分の権力意思を貫こうとする。——先に『ダ・ヴィンチ・コード』の陰謀論に触れたが、同じ著者による小説『天使と悪魔』(二〇〇〇年)の結末部分では、教会の正統がまさにこのようなシニシズムで描かれている。

もしそうであったなら、このような定式は存在しなかっただろう。最高権力者たる自分が

「非合法」と判断した以上、それは「無効」だと考える。つまり、「非合法ゆえに無効」(illicita ergo invalida)となっていたはずである。だが、教会はそうは考えなかった。「非合法」は人間の定めた基準による判断だが、秘跡において働くのは神の力である。だからそれは教会の判断を超えて「有効」になるのである。教会とその指導者たちは、いくら自分が禁じても、神がその禁止に拘束されるとは考えなかった。教会が非合法と断じた秘跡であっても、神の力はそれを超えて秘跡を有効ならしむる。つまり教会は、自分が「最高」権力者ではない、ということを知っている。簡潔に言うと、彼らは自分よりも神の方が上にある、ということを信じていた。そのことの証拠が、この定式なのである。

4　丸山の誤解

秘跡の客観主義

実は、堀米に対する丸山の小さな誤解の出所がここにある。一九六〇年の秋、堀米は「正統と異端」をテーマとする丸山らの共同研究会に招かれて報告をした。その際の討論に触発されて続けられた研究が、四年後に『正統と異端』となって出版されたのである。丸山の方でも堀米の正統論を丁重に扱っているが、八四年に行われた鶴見俊輔らとの座談会では、二〇年という歳月が作用したのか、ややガードを下げた率直な感想が吐露されている。

堀米庸三が『正統と異端』という本を書いていますが、堀米は正統を客観主義と言っているんです。ぼくに言わせればそれはやっぱり間違いで、つまり正統のほうは機構主義なんだ、──異端が出てきたあとの正統は。教会を守らなきゃいけない、代々木を守らなきゃいけないというのが正統なんです。そっちのほうにアクセントを置くか、それともマルクス主義の純粋教理というものに重きを置くかということなんです(丸山 二〇〇五年:二〇頁)。

たしかに堀米は、正統を「客観主義」、異端を「主観主義」と言っている。だが、その「客観主義」の意味は、丸山には正しく伝わっていない。丸山の言う「客観主義」とは、「代々木を守らなきゃいけない」という表現がよく物語っているように、機構として確立している教会の制度、すなわち本書第四章で見たordo(職制)の絶対視を指している。しかし堀米が意図していたのは、秘跡論を前提とした神の恵みの客観性であって、それは教会自身の認識からしても教会を超える存在なのである。

一方、堀米がこれに対置させている「主観主義」とは、ドナティスト的な発想による秘跡理解、すなわち「非合法ゆえに無効」(illicita ergo invalida)のことである。秘跡の施与者たる人間の偶然的な属性が秘跡の有効性を左右する、という意味における主観主義である。つまり、堀米の言う「客観主義」は、教会ないしその職制という客観的制度のことではなく、秘跡の「非主観主義」「非属人主義」のことを指している。

だから、もし「代々木を守る」のか、それとも「マルクス主義の純粋教理を守る」のか、と問われれば、堀米なら正統は後者だと答えたに違いない。その代々木自身がはたして「マルクス主義は代々木より大きい」と思っていたかどうか――それはその筋の専門家に答えてもらうとしよう。少なくとも中世カトリシズムについて言えば、教会は自分と神とを同一視しておらず、自分よりも神の方が大きいということを自覚していた。その自覚の明示的な表現が「非合法だが有効」(illicita sed valida)という秘跡理解の定式なのである。

正統の真の担い手

丸山の理解は、大きな括りとしては現代の陰謀論とさほど差のないものになってしまっている。結局のところ、正統とは教義や理念のことではなく、それを担っている機構や組織のことであり、その組織防衛のために教義論争が起きるのだ、という解釈である。

この「機構主義」的な理解は、最近になって公開された石田雄との談話速記(一九八九年)にも見え隠れしている。丸山はそこで、「組織論」という項目を立て、次のように語っている。

それから、正統の社会的集団化ということが、組織論の問題になってくるわけです、当然。……これがやっぱり正統・異端にとっては付随的なことでなくて、非常に重要だということは、歴史的事例をみますと、イデオロギー的に峻別しがたい異端でも、独自の教権組織をもつことで異端になるという場合がある……つまり、ドグマについての、正典のマルクスの解釈は同じでも、独自の組織をもつことで異端になる。だからやっぱり、組織化というのは非常に重要な問題になる、正統・異端の決定の(丸山 二〇一八年：一一二頁)。

堀米も丸山も、教会を超自然的な恩寵《おんちょう》の施与施設(Heilsanstalt)と見なすトレルチの制度論をよくわきまえているが、堀米はその教会が媒体となって施与される恩寵の客観性を強調したのに対し、丸山は制度や機構と化した教会そのものの客観性にとらわれている。

もともと丸山は、「正統あっての異端」という堀米の解釈に抗して、「初めに異端ありき」という命題を掲げていた。「決して正統に対して異端が出てくるのじゃなくて、初めに異端が出てくる。異端が出て、こりゃいけないというんで、はじめて自分を武装しなければいけないということで正統の教義が出てくるのです」(丸山 二〇〇五年：一六頁)。丸山は、この異端発生以前の無自覚な正統を「即自的正統」と呼び、異端に対して理論武装した後の正統を「対自的正統」と呼んでいる。ひとたび異端に直面して対自的になった正統は、代々木とか教会とかソヴィエト体制とかを擁護することに執心するようになる。それを丸山は「客観主義」という言葉で指したのである。

政治学という学問の特性からすれば、ある思想が政治的な現実態へと具象化したものに注目するのは当然のことかもしれない。これに対して、対談相手の鶴見俊輔は、理論武装をする前の無自覚な正統は「思想」ではなく「風俗」だ、と言っている(同一六頁、三三頁)。これも、大衆文化を研究対象としてきた鶴見からすれば当然の見方だろう。丸山もその部分を「即自的正統」として念頭に置いていることはうかがえるが、それは政治学の分析対象には含まれない、ということかもしれない。

すでに繰り返し述べてきたように、丸山が正統の所在として見ていた教会ないしその担い手たる教職者集団(ordo)は、正統のごく一部を可視化したものにすぎない。正統は、それによって帰結的に表現され担われることもあるが、むしろその足下にあってそれを基礎づけている広大な全体性のことである。正統は、「どこでも、いつでも、誰にでも」信じられ受け入れられているものであって、中央集権化された一握りの高位聖職者だけが信じているものではない。

もっとも、ソヴィエト体制においては一握りの中央執行部が共産主義の正統を定義していた、ということはあり得よう。それは、部分による全体の僭称である。そして、佐藤直方の言葉にある通り、そのような片足歩行は長くは続かない。今日のわれわれは、しばらく杖をついて歩き続けるかに見えた共産主義の歴史的な末路を知っている。

5　改革の熱情

修道院改革から宗教改革へ

中世の教会も、けっして健全で安泰な道を辿ったわけではない。聖俗両権の争いは、「叙任権闘争」の名で本邦でもよく知られているが、おそらくそれは、皇帝が雪の中で教皇の許しを求めた「カノッサの屈辱」という歴史的なハイライトのゆえだろう。一見すると、これは教会権力と政治権力との覇権争いに見えるが、その背後にあったのは聖職の売買(シモニア)という教会内部の腐敗である。

ところが、神学的にはその解決策の方がさらに深刻な問題を呈することになる。改革の口火を切ったレオ九世は、シモニアによって聖職に就いた者を追放したが、その一方で、それらの腐敗した聖職者によって叙階された者については、再叙階を施した上で教会へ復帰させたのである。これは、「非合法だが有効」という秘跡理解の客観主義に対する重篤《じゅうとく》な背反《はいはん》である。そのレオ九世に仕えて後に教皇となったグレゴリウス七世も、シモニストによる叙階を無効と宣言した。堀米が指摘する通り、これはまさにドナティストの理解そのままの主観主義的「人効論」である。つまり、中世ローマ教会は、「異端的な秘跡論によって正統を確立する」という矛盾を抱え込んでしまったのである。

腐敗しきった教会を大胆に改革するには、多少とも突出した主観主義の熱情が必要だったであろう。グレゴリウスの改革により、教会はようやく俗権からの自由を得てみずからの手で叙階と叙任を行うようになる。だが、その代償は小さくなかった。改革が一段落すると、今度は自分の内に取り込んだ主観主義の熱情がふくれあがり、やがて各所で暴発を見るようになる。教会改革の主役を果たした修道院運動も、グレゴリウスの出身母体であるクリュニーからシトーへ、そしてフランシスコ会やドミニコ会へと興勢が遷移してゆく。いずれも使徒的清貧と道徳的な厳格主義を掲げて民衆の支持を得るが、その同じ宗教的熱情が一方でカタリ派やワルドー派を生み出していった。これらの新勢力は、俗権との折衝を経て勢力を確立させたローマ教会により弾圧され、あとはお決まりの異端撲滅ストーリーへと展開する。

一四―一五世紀になると、ドナティスト的な主観主義はさらに上げ潮を迎える。なかでも、「宗教改革の先駆者」と称されるジョン・ウィクリフ（一三三〇？―一三八四）は、「悪しき司祭によって執行されたサクラメントの有効性」を否定し、司祭の道徳的腐敗が聖礼典を無効化すると論じて、「ドナティスト」と呼ばれている。そのウィクリフに影響を受け、やがて二人揃って(ただし一人は墓の中から掘り起こされた遺体で)火刑に処せられることになるボヘミアの改革者ヤン・フス(一三六九―一四一五)も、同じように「ドナティスト」と呼ばれた。フスの方はやや慎重で、正しく叙階を受けた司祭によるミサは有効だとしつつ、道徳的な罪に陥っている司祭からはミサを受けるべきでない、と論じている。

プロテスタント内のドナティスト

一六世紀にプロテスタント宗教改革の本体が始まると、改革者たちはこうしたドナティスト的な主観主義の熱情から距離を置くようになる。ルターやカルヴァンは、聖書や伝統の理解についてはラディカルな改革者だが、教会の存在論的な性格については基本的に中世カトリシズムの理解を踏襲した。プロテスタンティズムにとっても、教会は超自然的な恩寵を地上で分与するサクラメンタルな施設なのである。

そして、この点に異議を突きつけたのが、「宗教改革左派」ないし「熱狂主義」として括られる「再洗礼派」の人びとであった。彼らは、こうした教会の救済論的な位置づけを根こそぎ否定し、すべての者が彼らの流儀に従って、文字通り「再洗礼」を受けることを要求した。だから主流派のプロテスタントは、彼らを「ドナティスト」の名で批難したのである。

なお、カトリック的な「事効論」は、プロテスタント神学では別の意味に解されて批判の対象となった。カトリック的な文脈では、洗礼というサクラメントは神の恵みそのものの力によって有効となる、ということを意味していた。だから「施与者の状態にかかわりなく」作用する、と言ったのである。ところがプロテスタント側は、これを「受領者の信仰なしに」作用する、という意味に解釈した。信仰がなくても作用するなら、それは魔術と大差ないことになる。カトリック神学は、聖遺物のように信仰をモノへと凝縮させて扱う「物化論」に長けているが、「事効論」もプロテスタントには同じ傾向を示す危険な教えに見えたのである。両者に共通した理解をあえてすくい取るならば、信仰は洗礼の「根拠」ではないが「条件」である、というあたりだろうか。

こうして見ると、秘跡論の重要性がよく理解できる。中世カトリシズムからプロテスタンティズムに至る系譜を、この視点から通観することができるからである。そして、おそらくこれは教会の改革だけの話ではないだろう。改革も、時代を制する大きな流れになると、その中に本流と傍流ができる。正統であり続けるためには、そこでも主観的な熱情と制度的な安定性との全体的なバランスを維持した両足歩行で進まなければならないのである。この点は、現代ポピュリズムの問題にも通じているので、終章でもう一段深めて論ずることとしたい。

第7章

形なきものに形を与える

正統の輪郭

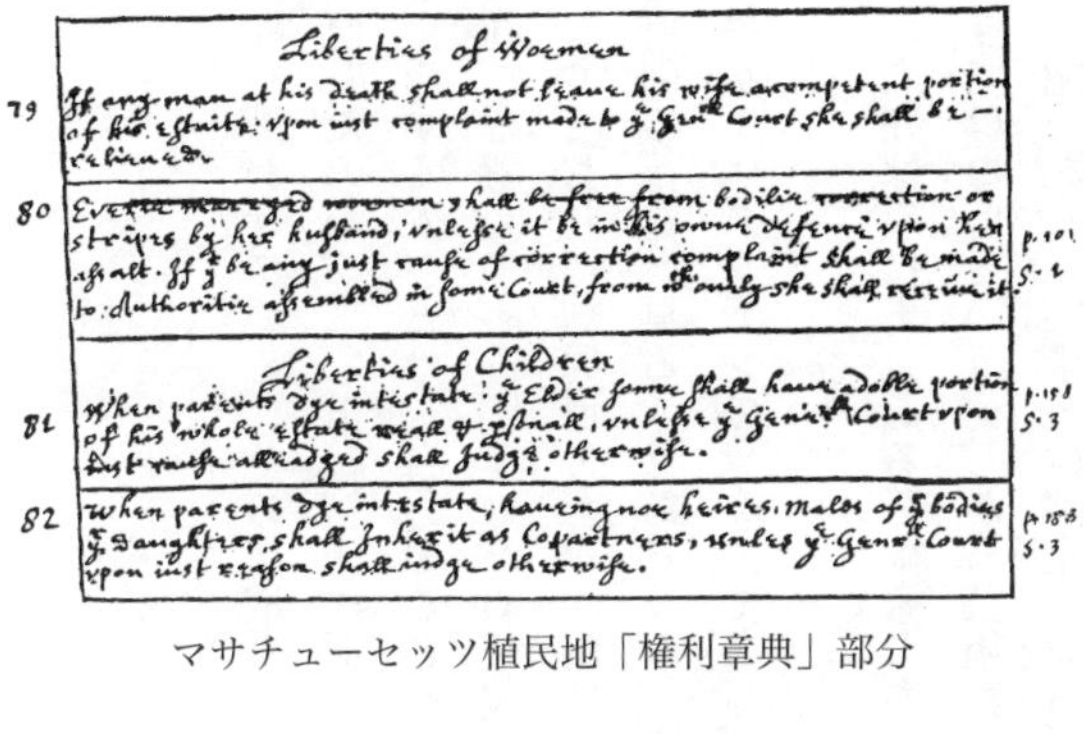

Liberties of Woemen

79 If any man at his death shall not leave his wife a competent portion of his estaite, upon just complaint made to ye Generall Court she shall be relieved.

80 Everie marryed woeman shall be free from bodilie correction or stripes by her husband, unlesse it be in his owne defence upon her assalt. If there be any just cause of correction complaint shall be made to Authoritie assembled in some Court, from which onely she shall receive it. p. 101 S. 2

Liberties of Children

81 When parents dye intestate: ye Elder sonne shall have a doble portion of his whole estate reall and personall, unlesse ye Generall Court upon just cause alleadged shall judge otherwise. p. 158 S. 3

82 When parents dye intestate, haveing noe heires males of ye bodies ye Daughters shall inherit as Copartners, unles ye Generall Court upon just reason shall judge otherwise. p. 158 S. 3

マサチューセッツ植民地「権利章典」部分

1　絵の本質は額縁にあり

チェスタトンの正統論

現代の異端者は、どことなく得意げな気配を漂わせている。その気取りやロマンチシズムに嫌気がさして正面から正統たることを掲げ直したのが、二〇世紀初頭に活躍した作家のチェスタトンである。彼によると、みずから異端を任ずる人びとは、自分のことを頭がよくて才気があり、進歩的で旧弊に挑戦する勇気ある人間だと考えている。そのため、彼らは従来のしきたりと異なるだけでなく、お互い同士でも異なっており、結局自分だけが所属する新しい単独の教派を創設して終わることになる。それを自由の行為と見る人もあろうが、実は自由の本質はそれとまったく逆のところにある、というのがチェスタトンの見立てである。

アナーキズムの命ずるところに従えば、人間はみな勇気ある芸術家であるべきであって、法則とか限定などには一顧も与えるべきではないという。しかし芸術家でありながら法則や限定を顧慮しないことは要するに不可能である。芸術とは限定である。絵の本質は額縁にある。キリンを描く時は、ぜひとも首を長く描かねばならぬ。もし勇気ある芸術家の特権を行使して、首の短いキリンを描くのは自由だと主張するならば、つまりはキリンを描く自由がないことを発見するだろう（チェスタトン　六二頁）。

自由は、あるものに本来的に備わっている法則に従うことによって得られる、ということである。制約なしに自由はない。自由になろうと思う者は、みずからに限定を引き受けねばならない。規則を破り、束縛を逃れれば自由になる、と考えるのは中学生までである。無限定で無定形の自由に実質を与え、具体的で手に取ることのできる現実となすのは、その外周を囲う何ものかなのである。

形なきものを定義するには

正統もこれと同じである。第三章で見たヴィンケンティウスの定義を思い出していただきたい。「どこでも、いつでも、誰にでも、信じられてきたこと」という彼の定式は、正統が何であるかという内容にはまったく触れていない。それはただ、何かが正統であると言えるのはどのような状態にある時か、ということを外から一般的に描写しているにすぎない。まさに「絵のない額縁」である。つまり、正統とは内容の空疎《くうそ》な容れ物のことである。いや、正統は容れ物のことではなく、無内容でもない。正統は、それ自身では定義され得ず、その容れ物を示すことによってしか特定できない内容をもつ、と言うのが正しい。本章では、この自由と限定との弁証法を用いて、正統の在処をもう少し先へと探ってみよう。

これまで何度か確認してきたように、正統を神学的に根拠づけようとする試みは、いずれも容易に解決しがたい困難に突き当たる。正統が宿るべき「座」と考えられるのは、それぞれの伝統にしたがって、公会議や教皇などの教権組織であったり、基本信条であったり、聖書であったりする。だが、必ずしもすべてに明示的な典拠があるわけではなく、典拠があってもそれはエクリチュールの常として解釈学的な循環を抜け出すことができない。聖書も伝統も、実はそれ以前から存在していた正統によって形成されてきたものだからである。

宗教改革時代には、祭服や礼拝姿勢の是非をめぐって論争が生じたが、それはまさに聖書に明示的な指示がない案件(アディアフォラ)だからこそ生じた論争であった。瑣末事ばかりではない。三位一体論やキリスト論といった根本教義ですら、聖書的な典拠に関しては少なからぬ論争がある、ということもすでに見た通りである。

2　異端排斥文の定式

「呪われよ」の二つの実例

ヴィンケンティウスの定義が内容に踏み込まないことには、別の理由もある。人びとが広く一般に信じてきたことの全体を網羅的に示すことは不可能だからである。第五章で示したとおり、異端に対する正統の特徴はその全体性にあるが、そうであればこそ、これを個別に列挙し尽くすことは不可能である。だから正統は、肯定形でその内容を示す代わりに、それを越えたらもはや正統ではあり得ない、という白黒反転の外側を示すことで、その輪郭を浮かび上がらせるのである。

このことを具体的に示しているのが、カトリック教会が古代から用いてきた異端排斥文「アナテマ」である。「アナテマ」(anathema)とは、「呪われたもの」という意味のギリシア語に由来し、宗教的な禁忌をもっとも強く表現する言葉である。その起源は旧約聖書にもあるが、新約聖書の用法では「共同体からの排除」を意味しており(「ローマ人への手紙」九章三節、「ガラテヤ人への手紙」一章八節)、その後の教会史で「破門」「排斥」「除名」などと訳される戒規の最終段階に相当する。

実例を見るとわかりやすいので、その使い方を二つ挙げておこう。一つは、これまでにも何度か言及したニカイア公会議である。三位一体論を定めたこの第一回公会議では、最初に信仰内容の短い宣言がなされている。「父なる神」と「父と同一実体である子なる神」と「聖霊」という三一《さんいつ》の神を信ず、というのがそれだが、この部分は「〜を信ず」という肯定形の文章で語られている。その後に排斥文が続くが、こちらは否定形である。先行する信仰告白の内容に背馳《はいち》するいくつかの命題、たとえば子なる神は「なかった時にあった」「生まれる前にはなかった」「他の本性または本質から造られた」などが掲げられ、このように言う者を「排斥する」、と否定形で断言されるのである。異端のアリウス派は、さらに続く別の教書で同じように否定されている。これらの排斥文が「アナテマ」である(DS 125-130)。

もう一つ、今度は宗教改革直後のトレント公会議から引用してみよう。プロテスタント教会との教義論争のさなかに開かれた会議なので、その決議文は長く項目も多岐にわたっているが、なかでも最大の争点となったのは、人はどのようにして神に救われるか、という「義化」の問題である(一五四七年の第六総会)。ここでも、まず一六章からなる「教令」(decrees)がカトリック教会の公式見解を肯定形で説明し、その後に続く三三条の「規定」(canons)がプロテスタント的な誤謬を否定している。たとえばその第一条は、以下のように書かれている。「人間の本性の能力によって、あるいは律法の教えによって行う自分の行為で、イエズス・キリストによる神の恩恵がなくても神の前に義とされることができると言う者は排斥される」(DS 1551)。この最後の「排斥」という一語が「アナテマ」である。いずれの場合にも、正統は肯定形で示されるだけでなく、「正統でないもの」を否定し排除することで表現されている、ということがわかる。

否定形の「境界設定型」

このような否定形の定義が果たす役割は、言語表現における正統性との比較に照らしてみると理解しやすいかもしれない。われわれは、ふだん自分の母語を使う時、特に文法を意識しなくとも文法構造に則った正格の言語運用をすることができている。文法はあくまでも有限数の規則の集合なので、無限の組み合わせによる実際の言語運用のすべてを支配する規則を網羅的に記述することはできない。つまりわれわれは、文章の統語論的な適格性について、文法にかかわりなくある種の知識を有している、ということである。これが言語運用(performance)と区別されるところの言語能力(competence)である。

チョムスキーによると、この不思議な能力は、人間の生得的で普遍的な能力が特定母語へと特化されたものである。ここで文法は、言語の正しい運用を構成するのではなく、正しくない運用を見つけだす、という消極的で統制的な機能をもつ。それは、越えてはならない大枠を提供するが、その大枠の中に入れられるべき内容を特定して記述することはしない。

正統も同様である。正統は、その全体像を明示的に名指しして定義することはできない。その代わりに、正統でないものを特定して否定し、その最大外周を指し示すことで、はじめてその内容を薄明かりの中に浮かび上がらせることができるだけである。これに対して、異端はピンポイントで特定部分に明るい光をあてる。異端はみずからその部分を選び出し、これを焦点化することによって異端となっているからである。つまり、正統は「〜である」と定義されるのではなく、「〜でない」と定義される。Aではなく、非Aと定義される。逆に言うと、その大枠を越えるものを除くすべてが正統である。A以外であれば、B、C、D、E、F、G……のうちのどれが正統なのか。それは定めない。Aでない限り、すべてが正統なのである。

「呪われよ」というのはいかにも不気味で毒々しい表現だが、それは異端者を呪詛し断罪することが目的なのではなく、正統として許容されるべきもっとも遠い地点に警告札を立てようとしているのである。その結果、その範囲の内では気兼ねのない最大限の自由が保障される。いわばそれは、絵に額縁を用意することである。この額縁には、特別な魔法がかけられている。どんな絵でも、その額縁にはめられた絵なら、すべて正統になる、という魔法である。何が描かれていてもかまわない、どんなに醜い絵でもかまわない。この額縁にはめられてさえいれば、それは正統なのである。

あるいはそれは、牧場の柵であり、ゲレンデのコースガイドである。放牧された牛は、その柵の中ならどこへ行ってもかまわないが、その柵を越えるともはや同一の群れに属するとは見なされなくなる。スキーやスノーボードを楽しむ者は、コースガイドを越えない限り、どこでも自由に滑走する安全な空間を提供されるが、その外には危険な崖があって生命の保障はない。

だからその表現は生半可な表現ではなく、「落ちたら死ぬぞ」という最高度の危険を告げる直截で毒々しい表現になるのである。アナテマは、このようにして正統の外周を囲い、それによって正統を可視的な現実態として成立させるはたらきをする。無定形の正統は、限定の否定辞を帯びることではじめてその輪郭を与えられ、その範囲内での自由を確保されるのである。正統は、かくして存在論的には異端に先立つが、認識論的には異端によりはじめてその在処を知覚されるものとなる。

肯定形の「内容例示型」

念のため触れておくと、ニカイア公会議でもトレント公会議でもそうだが、正統は「アナテマ」に先行する肯定形の文章によっても表現されている。だが、それはあくまでも多くの可能性のうちからもっとも明快と思われるサンプルを示しているのであって、そこに提示されたものだけを排他的に正統の内容と認定しているわけではない。

この点を誤解すると、「ファンダメンタリズム」への逸脱が始まる。「ファンダメンタリズム」ないし「原理主義」は、そもそもの名前の由来となった二〇世紀初頭アメリカのキリスト教においても、あるいは現代イスラムにおいても、「始源への復帰」を掲げる。しかし実際のところ、彼らの主張内容はきわめて現代的な反動で、彼ら自身が選択的に理解した限りでの

「原理」や「始源」への復帰を求めているにすぎない。「Aでないすべて」の単なる例示としてBとCとDが掲げられているのに、その三つだけが正統であると誤解し、その後に続くはずのE、F、G、H……を拒絶する、というのが原理主義の成り立ちである。そこでは、同じ枠の中での等格性が見失われている。

プロテスタント教会ではカトリックほど教義的な正統の座が明確ではないが、正統をめぐる振幅はむしろそれだけ大きくなり、ファンダメンタリズムへの傾斜もまた急勾配になる。正統の制動力が薄弱なのである。その兆候は、過去にも現在にも見いだすことができる。たとえば、「ドルト信条」や「ウェストミンスター信仰告白」といった特定のプロテスタント的な信仰告白をみずからの準拠すべき「正統」とみなすような場合、原理主義化の危険は大きくなる。一つの例示にすぎない定式が正統の排他的な表現とされると、信仰は表現の多様性や自由を失って硬直化し、豊かさを失ってやせ細る。それは、生きた共同体の信仰ではなく、博物館に収められるべき標本としての信仰になってしまう。このような硬直化を防ぎ、正統のごく大雑把な外枠だけを指し示して、あとは自由に委ねる、というのが否定形によるアナテマの知恵なのである。

以上、正統の捉え方には大きく分けて二通りあることがわかる。一つは境界設定型で、これは最大外周を否定形で囲い、その内部での自由を保障するやり方である。もう一つは内容例示型で、こちらはその自由を部分的に結晶させて肯定形で定式化するやり方である。前者はまったく何の定義もない広大無辺の現実に枠をはめ、その限定によって正統の息づく自由な空間を現出せしめる。後者はその空間に漂う無数の可能性の中から、具体的な条項をいくつか例示することによって、限定的ながら正統の可視的な姿を示す。いずれの場合でも、自由と限定は表裏一体ないし不即不離の関係にある。限定があるからこそ自由がある、ということである。

3　制約による自由

「鳥の自由」ではなく

正統にみる自由と制約の弁証法は、法制史の分野でもつとに指摘されてきた。前章でわれわれが中世秘跡論について参照した堀米庸三《ほりごめようぞう》は、封建制成立の以前も以後も、自由がそれを護る力による制約と不可分であったことを強調している。社会における自由は、個人の自由の限定なしには存立し得ず、秩序による拘束なしには保護され得ない。そのような制約を受けない自由とは、いわゆる「鳥の自由」(Vogelfrei)、すなわち法を犯して共同体の法的庇護を失った犯罪者が狼のように森を彷徨《さまよ》う、という意味での自由に他ならない。彼に出会う者は誰でも彼を殺す権利と義務があり、その屍《しかばね》は埋葬されることなく鳥の餌食に供される、という自由である

（堀米一九七六年：二八六頁）。そんな自由を欲しがる人は多くないだろう。中世的な意味における自由は、あくまでも保護者への依存を条件としており、その力と制約の中でしか存在しないのである。だから堀米は、「自由はつねにネガティヴにしか規定されえない」と明言する（同三一四頁）。これは、アナテマによる正統の否定的な定義と同じ表示形式である。

堀米によると、カトリック教会最高の位にあるローマ教皇が「神の僕《しもべ》の中の僕」という公式称号を使うことにも、単なる信仰のロジックを超えた根拠がある。神にもっとも近く仕えて服従することにより、教皇は最大の庇護を受けて最大の自由を得ることができるからである。

その教皇体制に反旗を翻したのが宗教改革者のルターだが、彼もこの主題に関してはまったく同様のことを説いている。すなわち、キリスト者は「すべてのものに仕える僕《しもべ》」であると同時に、「すべてのものの上に立つ自由な主人」である。堀米の理解を当てはめると、これも単なる逆説や併置ではなく、原因と結果の関係として読むべきなのかもしれない。

ここではもう少し別の歴史的事例から、自由とその成立条件としての制約という構図を探ってみたい。それは、アメリカ植民地時代の正統性体験と、その後に続く連邦憲法の制定という事例である。さて、これらの歴史的背景に透かして見ると、近年の日本で繰り返し浮上する憲法改定論は、どのように映ることだろうか。

自由の創設

ハンナ・アレントによると、世界の歴史に「革命」と呼ばれる出来事はいくつもあるが、その中で成功したのは唯一アメリカ革命だけである。なぜ成功したのか。それはアメリカ革命が単なる「解放」にとどまらず、新しい自由を「創設」したからである。この自由は、創設されなければならなかった。つまりそれは、新しい権力によって構成され、形を与えられ、確保され、根拠づけられなければならなかった。

アメリカ革命とほぼ同じ時期に起きたフランス革命においては、富める者はすべて悪人であり、貧しい者はすべて善人である、というロベスピエールの思想が支配的だったので、革命の目的は解放であった。上下の秩序を転覆させ、抑圧された貧しい者を解放すれば、あとは自然に権力の移行が進み、新しい世界秩序が幕を開ける、と考えられたのである。しかし、一八世紀のアメリカにはこの幻想がない。革命のしばらく後に、フランス人トクヴィルがアメリカを旅行して興味深い比較を記録している。アメリカでは、辺境の丸太小屋に住む人が都会の人と同じ知的な言葉を話し、粗末な机の上でヨーロッパの国々の政策を縦横に論じている、というのである。

つまりアメリカでは、貧しさは卑下すべきものではなく、知性も平等にゆきわたっている。そうであるからこそ、アメリカ革命は貧困からの解放という経済の問題ではなく、新しい権力の創出という政治の問題として捉えられた。革命は、マルクスの予言に反して、大衆が貧困に喘《あえ》いでいるところでは不可能であった。無産者による支配体制の転覆は、さらなる革命の素地を準備して、常に不安定な永続革命を結果してしまうからである。新しい体制が成功するためには、解放だけではなく創設が必要なのである。その創設の成否が「革命」を単なる「体制転覆」から分かつ。

アレントの革命論は、政治思想史の系譜では「生まれながらの自由主義」というルイス・ハーツらの古典的なアメリカ理解と時代を共有しており、フランス革命をロシア革命に重ねて見るなどの点で、いかにも冷戦時代の刻印が目立つ。その後の半世紀にアメリカ国家が経験した苦衷《くちゅう》と激動を通観することのできる今日、われわれはこれをそのまま鵜《う》呑《の》みにすることはできないだろう。しかし、自由主義や共和主義といった大枠の歴史理解の変遷とは別に、彼女が語った「自由の創設」というアメリカ的な実験の成果を尋ねることは、正統の成立過程を理解する上でなお有益である。この自由は、ロック的な自然状態におけるアプリオリで無限定な個人の自由ではなく、それに限界と制約を課すことによってはじめて創設され確保される、二次的で具象化された社会的な自由のことである。

憲法の権威はどこにあるか

新しい権力は、アメリカ革命において憲法の制定というプロセスへと具体化された。アレントによれば、ここにアメリカ革命の真に近代的な意義がある。憲法を制定するということは、単にある法律文書を作ることではない。それは、ある「状態」を作ることである。国家体制の基本構造たるコンスティテューションは、法律文書の有無ではなく、それが実際に尊敬され実効支配力をもつ状態を作ることによって、はじめて実現する。ある法律を作文することではなく、それが実際に人びとの暮らしに根づき、社会の慣習となり、公共精神の基底となっているような状態を作る、ということである。

今日、憲法は多くの国々に存在する。憲法はイラクにもあるし、アフガニスタンにもある。だが、単に憲法が制定されていることと、それが人びとの間で広く承認され尊重されていることとは別である。憲法は、ある時代に優勢な一握りの政治家たちが制定した、というだけでは機能しない。人びとがおのずと認めるような権威がなければならないのである。ここに、正統性の問いがある。

アメリカ第二代大統領のジョン・アダムズは、すでに一八世紀にこれを次のように表現している。「憲法は、理解され是認され愛されていれば規範となり柱となり絆となるが、人びとにそのような知性と愛着がなければ、それは空を漂う凧《たこ》か気球と同じである」(Haraszti, 221)。この言葉は、当時進行していたフランス革命の成り行きに対する彼の疑念をあらわしている。植民地時代のアメリカ人と異なり、王の恣意以外に法をもつことがなかったフランス人にとって、憲法が権威をもつという事態はまったく未経験のことで、事実フランスの憲法はその後も長く権威をもつことなく改廃を繰り返した。

この権威を付与するものこそ、正統性に他ならない。つまり自由の創設は、創設された権力が正統性をもつかどうかで成否が決まる。新しい権力は、広く人びとの間に共有された正統性の感覚により、権威をもつと見なされることで、はじめて機能するようになるのである。この意味での権威は、偽ることができない。「権力」なら、振りかざしたり笠に着たりすることもできよう。だが、「権威」にそんな芸当はできない。そんなことをするのはまさに「権威」がないからで、自分の権力に権威が伴っていないことをふれ回るようなものである。

正統性の歴史的経験

ところで、アダムズの言葉によると、一三の植民地は、それまで宗教的にも政治的にもまったく異なる性格をもっていたのに、あたかも「一三の時計が同時に時を告げた」かのように完璧な一致をもってそれぞれに独立を決定した(Adams, 10: 283)。その後一七八七年には連邦憲法が起草され、翌年に九植民地の批准を得て発効する。しかし、連邦憲法の制定よりも前に、各地の指導者たちが一斉に取りかかった作業がある。それが、州憲法の作成である。コネチカットとロードアイランドは以前に定めた基本法をそのまま憲法として使うことを定めたが、それ以外ではほとんどが一七七六年内に、一三州のうちもっとも遅いマサチューセッツでも一七八〇年までには、独自の州憲法が制定された。

なぜ人びとは、かくも当然のごとく州憲法や連邦憲法の作成へと向かったのか。なぜ彼らは、新しい国家には新しい憲法が必要だと考え、しかもそれを、イギリスにあったような諸文書の慣習的な集成体としてではなく、あるいは自然法による一般的想定だけに頼ることもせず、一つのまとまりをもった成文憲法として作成したのか。そしてなぜ、そのようにして作られた憲法が、実際に正統性をもって機能するようになったのか。

これにはいくつかの要因があり得るが、もっとも重要と思われるのは、植民地時代の経験である。アメリカは、独立宣言によって突然存在するようになったわけではない。人びとのそれまでの経験が、新国家の枠組みを決定するにあたって前提となったのは当然であろう。建国期の彼らが思いを馳せたのは、海を渡ってやってきたピューリタンたちが、荒れ野に自分たちの新しい社会を形成するにあたって交わした、社会のもっとも基本的な合意文書である。ピューリタンは、権力機構が存在しないところで、どのようにして新しい市民政治社会を形成するかを、理論として構築するばかりでなく、実際に試みてきた人びとである。そのために彼らが編み出したのが、構成員がお互いに合意してある基本的な契約を交わし、それを社会の中心に据える、という仕組みであった。

メイフラワー契約の意義

その典型が、一六二〇年の「メイフラワー契約」である。権力の空白状態に漂着した彼らは、異なる意思や目的をもちつつも共通の市民社会を形成する必要に迫られていた。この経験は、アダムズの次のような言葉に表現されている。

プリマスの最初の植民者たちは、厳密な意味で「われわれの先祖」であった。彼らは、入植した土地に対する何の特許状も権利書ももっておらず、自分たちの政府を作るのにイギリス議会や王権から権威を引き出すこともしなかった。彼らはインディアンから土地を購入し、自然という単純な原則の上に、自分たちの政府を建てた。その後プリマスの議会で土地の権利書を買ったが、政府の特許状を国王から買ったわけではない。そして六八年間の長きにわたり、独立した個人の間で交わされた当初の契約だけを根拠に、立法、行政、司法という政府のすべての権力を行使し続けてきたのである(Adams, 4: 110)。

言うまでもなく、この回想には自国の神話的な出発点を祝うロマンチシズムが多分に含まれていよう。建国の父祖たちがピューリタンの信仰を自覚的に継承した、という話はあまり聞かないし、建国という一大事業では北部より南部や中部植民地出身の指導者たちの活躍が目立つ。だが重要なのは、本人たちの個人的な信仰心がどうであれ、彼らもまた、アメリカの建国という歴史的な実験の根拠にピューリタニズムがあった、と信じていることである。アダムズには、自分がピューリタンの末裔であるという認識は希薄だったであろう。しかしその彼も、新しい国の礎《いしずえ》を据えるに際しては、こうしてプリマス植民地の歴史的経験に言及せざるを得ない、と感じたのである。ここに、人びとが広く承認する正統性の淵源《えんげん》がある。

　アダムズだけではない。すでに引用したトクヴィルやアレントも、革命時代から遡って同じようにメイフラワー契約へと言及している。そこに、新しい権力創設のひな型が見えるからである。植民地の人びとは、本国とは独立に自分たちの市民政治体を形成し、自発的にその権威に従う契約を交わしていた。契約による社会の創設という概念は、マサチューセッツでも、コネチカットでも、ニューヘイヴンでも、ロードアイランドでも同様に繰り返された。これらの植民地には、後にイギリス国王から特許状が届けられたが、特許状は新しい権威を創設したのではなく、すでにある権威を追認したにすぎない。ここでも、まず正統が事実的に存在し、やがてそれが正典化される、というプロセスを確認することができる。

4 「複数可算名詞」としての自由

マサチューセッツ法典

メイフラワー契約は、出発点ではあっても象徴的な例の一つにすぎない。ピューリタン的な自由の創設の努力は、その後も継続的に実を結んでいった。マサチューセッツではすでに一六四一年に、市民の法律と権利を定めた“Body of Liberties”という文書がまとめられている。これは、アメリカ大陸で最初に編纂された法典である。この法典は、その後何度か更改され、王政復古後に一時廃止されたが、名誉革命で復活し、新王による特許状へと取り込まれて再交付された。

別の言葉で言えば「権利章典」だが、これはイギリス本国の「権利章典」に半世紀ほど先立っている。その内容も、本国のそれに比べると、法的主体としての個人の権利が強調されており、より近代的である。これらのことは、もう少し知られていてもよいように思われる。

同法の内容を具体的に示すと、まず政府の権限と教会の権限、自由市民（ただし正規教会員男性のみ）の権利、政治参加の権利などの規定がある。次いで残酷刑や拷問の禁止、正当な手続きによる裁判を受ける権利、私的領域における良心の不可侵などが定められている。それだけではない。規定はさらに、夫婦間暴力の裁定、子どもの権利、従僕や奴隷の権利、外国人や漂流者の権利、はては家畜の権利にまで及んでいる。このあたりは、見方によっては驚くほど現代的な内容である。もちろん、なかには時代的制約を示す規定もある。たとえば死刑の規定では、偽証、殺人、反乱などの反社会的行為ばかりでなく、偶像礼拝、魔女、三位一体の神の名の冒瀆といった宗教的な違反、さらには獣姦、同性間性交、婚外性交といった性関係の侵犯が極刑と定められている。

なぜ複数形なのか

しかし、内容に優ってさらに注目すべきなのは、この法典のタイトル"Body of Liberties"である。自由はここで、"Liberties"と複数形になっている。一般に「自由」は抽象名詞なので、一つ二つと数え上げることができずに単数扱いとなる。ところが、ここではそれが可算名詞で、複数になっている。この複数形の自由こそが、「創設された自由」の具体的な姿を示している。つまり、無制約で無限定の抽象的な自由ではなく、明確な輪郭を与えられて数え上げることのできる諸自由である。

自由は、形を与えられなければ存在できない。単に無制約であるというだけの自由は、事実的に(de facto)存在することはあっても、権利上は(de iure)存在しておらず、いつでも否定され失われる可能性がある。いわば、無人島に暮らす者がすべてのものを所有していながら何一つ所有権をもっていない、というのと同じである。

自由の創設とは、自由の権利を確定し、これを宣明することである。自由に法的な根拠を与え、これを確保することである。特定の条文へと受肉したひとまとまりの権利として他者に承認せしめることである。したがってそれは、一見自由と対極にあるかに思われるその制約条件と創発的である。この制約なしに自由はない。限界があるからこそ、自由が確定するのである。『オックスフォード英語辞典』によれば、“liberty”が最初に「権利」や「特権」という意味の複数形で用いられたのは一五世紀中頃である。一七世紀マサチューセッツの用語法はこれを踏襲している。

以上は肯定形の定義論だが、独立後の憲法制定に際しては、否定形による定義論の例も見えるので紹介しておこう。今日、合衆国連邦憲法に付された「権利章典」は、人権保障のもっとも基本的な典拠として、アメリカ国内だけでなく世界中で参看される重要な文献の一つとなっている。しかしこの「権利章典」は、当初は必要と思われていなかった。提出された草案も、あっさり否決されてしまったほどである。理由の一端は、個人の権利については連邦ではなく州が保障すればよい、という考えだったが、なかにはもう少し強い反対論を唱える人びともあった。

すなわち、連邦憲法に人民の権利を明示すると、その意図とは裏腹に、かえって人民の権利を制約してしまうことになる、という危惧からの反対である。ジェイムズ・ウィルソンやアレグザンダー・ハミルトンによると、政府ははじめから何らかの権限をもっているのではなく、憲法により明示的に人民から委譲された権限のみをもつ。したがって、委譲されていない権限は、当然人民の手に留保されているはずである。それをいちいち列挙すると、列挙されていない権利はない、ということを認めることになってしまう。だからそのような列挙は得策ではない、という議論である。ここに、境界設定型の定義論が見える。

可能態から現実態へ

同じ構図は、個人と連邦政府との関係だけでなく、州と連邦との関係にもあてはまる。マディソンによれば、憲法案が連邦政府に委託する権限は「数が少なく限定されて」いるのに対し、州政府に留保される権限は「数も多くしかも無限定」である（『ザ・フェデラリスト』四五篇）。だから連邦政府の権限は、内容例示型ではなく境界設定型の定義によらなければならない、という主張である。個人と連邦、州と連邦、どちらの議論も、何とかして新しい連邦国家の新しい連邦憲法を批准してもらうための駆け引きの中で交わされたものである。最終的に、権利章典は憲法本体ではなく修正条項として追加され、その追加を是とした諸州により、連邦憲法は批準されて成立した。

いずれの例においても、自由は具体的に形を与えられ、限定されることによって、はじめて人びとが実際に享受することのできる権利となって確立している。すべて現実は、可能性の実現であると同時にその限定である。これは、可能態(dynamis)から現実態(energeia)への移行として考えれば当然のことだろう。どんぐりが樫の木になるのは、みずからのもつ可能性の実現であるとともに、その限定であり放棄である。

法典の場合、その具体的な形姿に権威を与えているのは、人びとの歴史的経験である。「自由の創設」が現実態となるためには、そこへと結実する以前に、あらかじめ広く共有されていた正統性がなければならない。正統は、まず人びとの意識や経験の集合という可能態で存在し、その勢いが組織や法典へと具象化されて表現される。この結実がないと、正統は可見的に存在できない。と同時に、この現実態は、そこへと結実するべき可能態としての正統が存在しなければ実現しない。可視化された正統を支え、これに権威を与えているのは、この可能態としての正統である。

5　正統の受肉

永遠の時間への突入

「正統のかたち」を尋ねるわれわれの旅路は、杳《よう》としてなお行方を見通すことが困難である。形のないものに形を与え、見えないものを見ることは、天界ならぬ地上界を生きる人間にはどだい無理な話だろう。はじめから無理とわかっている課題なら、追い求めなければよいようなものだが、それでも人は自分の本性に与えられた憧憬のうずきに気づかぬふりをし続けることはできない。理性の能力とその限界を問い続けたカントは、恵み（Gabe）が課題（Aufgabe）でもあることを知っていた。理性に到達しえない高みがあることを教えてくれるのは、他ならぬその理性である。そして、その同じ理性により、いかにしても不可知であるとわかっているものを、われわれはなお想定し、要請し、仮象してしまうのである。

かくて人間は、有限と無限の間、可能と不可能の間に揺らぎ続ける。天の高みには、手を伸ばせばもう少しで触れることができそうな究極の何かがある。だが、身を乗り出そうとする自分の足場は心許なく、下には混沌と虚無の淵が口を開けている。まさにその落差に目を眩《くら》ませた瞬間に、われわれは聞く。「そして、言《ことば》は肉体となった」（「ヨハネによる福音書」一章一四節）――永遠が時間に突入し、死すべき肉体に生命が宿る。この不可能の可能性が、受肉の恵みである。

地上に神の国を建設する

一般に宗教は個人の内面から出発するが、同時に他者との繫がりを紡ぎ出し、制度を形成し、社会の靱帯《じんたい》となる。なかでもキリスト教は、「神が人となった」という途方もない主張を掲げてそれを人類救済の基礎と見なすため、とりわけ制度化や組織化への志向性が強い。教会は、地上に神の国を建設するという、もともと不可能な試みの産物である。丸山と福沢が好んで読んだギゾーは、この点を特に強調して近代ヨーロッパ文明の構成原理の一つに挙げた。

四世紀末および五世紀初頭には、キリスト教はもはやたんに個人的信仰ではなかったのであって、一つの制度でありました。それは組織されておりました。すなわち自己の政府、聖職者団、聖職者の種々の職務に応じた一定の階級制度、収入、独立の活動手段、大社会に適合し得る集合点、地方的、国民的、全体的教議会、社会問題を共通に取扱う慣習を持っておりました。一言でいえば、この時期において、キリスト教はたんに宗教ではなく、教会でありました(ギゾー 三三—三四頁)。

これが精神の受肉である。「宗教は必然的に人々の間において新たな関係の源泉となり、そこから必然的に一つの宗教社会、およびこの社会の政府というものが生ずる」(同八七頁)。こうした宗教の制度化は、現代人の目には多少とも胡散臭《うさんくさ》いものに映ることだろう。宗教は本来、絶対者と個人とのあいだに息づく直接的で純粋な関係である。そこに人間の組織が介在すると、ろくなことにならない。すべての組織には権力が伴う。そして、すべての権力は堕落する。宗教の権力も、いや宗教の権力こそ、堕落する。——まさにその通りである。組織や制度とそれがもつ権力へのこうした疑念は、次章に取り上げるように、近代以降の人間にとってある程度は健康な批判精神の徴表である。

此岸的な建設への志向性

だが、個々の精神の躍動は、結局のところ火花のようなもので、それだけでは儚《はかな》く消える運命にある。だから人はそれを他者と共有し、共同の信念となして教義を定め、教団を形成して戒律を守り、子弟を教育して後の世代に伝えようとする。実質化と形骸化、結晶化と陳腐化は、ともに同じ志向性の帰結である。

そして、この此岸《しがん》的な建設意志を恥じることなく集団の力学に取り込んで発展したのが、キリスト教であった。近代世界を構成する政教関係の基本構造は、こうして発展した宗教権力が世俗権力とわたりあい、激突の末に共存の道を探りあった長い歴史的経験の上に成立している。「カイザルのもの」と「神のもの」とのかかる二元焦点性こそ、人びとに正統性のもう一つの源泉を提供し、政治権力に対する抵抗の拠り所を提供するものであった。

丸山眞男によると、このような権力二元性の芽生えは日本にもあったが、近世の幕藩体制が徹底的なキリシタン弾圧の上に成立し、仏教寺院勢力の自律性を剝奪してこれを行政機構へと組み入れてしまったため、世俗権力に対する精神の自由はついに確立することがなかった（講六：一一八―一三〇頁）。その結果、今日の日本社会では政治以外の文化的な価値がみずから政治の序列へとすり寄って一元化され、国家権力は社会の自発的集団をすべて呑み込んでゆくリヴァイアサンと化してしまった、というのである。

丸山の解釈には個別事例による反論もあり得ようが、通史的にはそれで納得のできることも多い。もし権威の軸が単一なら、自由はその軸からの逸脱としてしか成立しない。反逆はその同一の秩序の上下を反転させることでしかなく、自分が上になりたいという下克上やルサンチマンの容貌を呈することになる。つまり、自由は制度や機構の創設という問題として成立せず、正統を担う保守主義の本流も確立することがない。

信念なき異端

昨今の日本社会でしばしば耳にするようになった「反知性主義」も、その本来的な系譜からすると、「知性」そのものへの反発ではなく、知性と権力とが結びついた「知性主義」への反発という意味合いが強い。そのような反発は、批判されるべき当の権力ヒエラルキーとは別のところに、確固とした足場があってこそ可能になる。日本社会に反知性主義が根づかないのも、丸山が指摘したように、政治とは別の価値軸が形成されず、地上の権力に対して腹の据わった異議申し立てをするべき立脚点がなかったからだ、ということになる。異端に信念がなければ、正統に信念が備わるはずもない。異議申し立ての矢を正面から受けて立とうとする保守本流の気概も、それでは育たないだろう。

個々の精神は儚い。それは、正統だけでなく異端についても言えることである。体制を批判し、腐敗の刷新を叫ぶ改革者もまた、自分一人では新しい流れを作ることができない。本章の冒頭に引用したチェスタトンの言葉からすると、こうした異端の「私化」は、どうやら現代日本に限った話ではなく、二〇世紀冒頭の英国ですでに始まっていたようである。わたしの見るところでは、この現象は「宗教の個人主義化」というより「個人主義の宗教化」である。次章ではこの問題に焦点をあて、権威が蝕まれた時代にあり得べき正統のかたちを問うてみよう。

第8章

退屈な組織と煌めく個人

精神史の伏流

ヘンリー・デイヴィッド・ソロー

1　個人の経験が判断の基準に

一〇〇年前のギフォード講演

「ギフォード講演」は、一九世紀末にスコットランドの法律家ギフォード卿が遺した莫大な寄附金により始められた神学の講演シリーズである。狭義の神学に限らず、広く哲学や宗教学などの思想分野からもっとも顕著な業績で知られる講演者を招くため、今日ではこの分野における最高の栄誉を有する講演とみなされるようになっている。

初回一八八八年の講演者に選ばれたのは、オックスフォードでサンスクリット学を教えていた「宗教学の父」マックス・ミュラーである。その後は海外からも講演者を招くようになり、一九〇一年にはアメリカからウィリアム・ジェイムズが招かれている。その講演をまとめたのが、ジェイムズの主著『宗教的経験の諸相』である。

ジェイムズからほぼ一〇〇年後の一九九八年、カナダの社会哲学者チャールズ・テイラーがこの同じギフォード講演に招かれた。テイラーの講演は、西洋近代史における世俗化のプロセスとその結果を主題としたものだったが、彼はそこで繰り返し一〇〇年前のジェイムズの講演を意識せざるを得なかったという。テイラーは、この先達の著作が「昨日書かれたものといってもおかしくない」ほどの強烈な同時代性を有している、と感じていた(テイラー vi頁)。

現代人ジェイムズ

いったいジェイムズの何がそれほど現代的なのか。それは、彼の講演の題にある「宗教的経験」という言葉がすでに指し示している。ジェイムズによると、すべて宗教というものは、ある特定の個人の内に生じた強烈な宗教的経験に始まる。その経験は、やがて共鳴者を集め、教会組織へと発展し、教義や戒律の制度となる。これらは、後の人びとが創始者の原体験を二次的に模倣し追体験できるようにするための手助けに他ならない。

しかし、そうなると「どうしても政治的な傾向と教義的な戒律を好む気持とが入ってきて、本来は無邪気であったものを堕落させてしまいがちである」(ジェイムズ 下:一二二頁)。つまり、ジェイムズの言う「宗教」とは、あくまでも原初に感じられた個人の直接的な情熱のことであって、その後に形成される集団や制度のことではない。組織化された宗教は、「仏教徒であれ、キリスト教徒であれ、マホメット教徒であれ、それぞれの国の因襲的儀式」に従って模倣された二番煎じの「退屈な習慣」にすぎないのである(同 上:一九―二〇頁)。

このような見解は、本書が繰り返し見てきた通俗的な「正統」観に重なる。ジェイムズによれば、ある宗教が「正統派的教説」になると、それが内面的であった時代は終わり、源泉は涸《か》れて、信者はもっぱら受け売りだけの「宗教的生活」を送るようになる。これが宗教の一般的だが頽落《たいらく》した形態である。そこへ新たに真正の宗教的経験をした者が登場する。そうすると、その人は「異端」とされて既存の組織から激しい迫害を受け、あるいは「狂人」とみなされて排除されることになる。

事実、歴史に名を残す卓越した宗教の指導者たちは、少なくとも生涯のある時期には、恍惚や憂鬱や幻覚といったほとんど病理学的な精神的特徴を示している(おそらく、ここにはジェイムズ自身が若い頃に経験した精神の闇も含まれていよう)。ジェイムズによると、それこそが彼らに「宗教的権威」を与えているものである。こうした特異な精神現象を理解するための学問が、当時の言葉遣いで「心理学」と呼ばれたのである。だからジェイムズは、自分のことを哲学者や宗教学者である以前に、まずは「心理学者」であると考えていた。

2 自己表現の至高性

「真正さ」の今日的基準

一〇〇年後のテイラーからすると、ジェイムズの「宗教的経験」は、まさに現代の個人主義的で表現主義的な宗教理解を先取りしていることになる。宗教に限らず、今日われわれが何かを「真正だ」と認める時、その主要な経路は組織的な裏付けや論理的な整合性などではなく、個人の内面に直接作用する感情的経験だろう。メディアでは、「感動した！」「涙が止まらなかった！」という文句が最高の褒め言葉として使われている。

こうした情動言語の氾濫《はんらん》は、発信者本人がそれを内発的に実感したことを証しするというより、むしろ自分でも知らぬ間に操作された大衆の斉一《せいいつ》的な反応を疑わせる。それでも、他のいかなる判断基準にも優先して、「自分がそれをほんものと感じられるかどうか」を真正さの基準にするのが現代の風潮である。

この自己表現至上主義には、ぬらりとしたナルシシズムがまとわりついている。いったいどうして、自分の一時の感情や限られた経験がそれほど頼りになると思えるのだろうか。自己肯定感そのものが悪い、というわけではない。根拠なき自信は、子どもや青年期の特徴で、正常な発達に必要な段階の一部である。だが、大人になってもその無邪気な全能感に包まれたままでいるとすれば、それは未成熟の徴だろう。

親や教師も、それを匡《ただ》さない。変化の激しい時代ゆえ、確信をもって子どもに進路の助言をすることができず、結局「あなたがいいと思うようにしなさい」と言うしかなくなってしまったのだろう。無限の可能性を信じて夢を追い続けるよう勧めるのは気が楽だが、あるいはそれは、子どもの潜在能力への期待というより、不関与の予備的な表明なのかもしれない。だから子どもはますます自己責任で追い込まれ、競争に疲れ果てて行く先もなく親元に戻ってきてしまう。頑固親父なら反発のしようもあろうが、ものわかりのよすぎる親は反発をもって行く先にもならないのである。

自己表現としての選挙

昨今では、選挙も同じ道理で進むように見える。投票は、有権者にとってのささやかな自己表現の場である。人は投票ブースの中で、全能感を味わいつつ、自分の感性にもっとも心地よく合致する候補者に票を入れる。投票先は、各党の綱領や候補者の政策を理性的に比較して決められるわけではない。たとえ自分が低所得者層に属しており、候補者が富裕層への減税と社会保障の大幅な削減を掲げていても、何かしら自分の感性に響くものがあるなら、その心の声に従って投票することが正しいのである。

政治学では、選挙の結果が直前の偶然的な出来事に左右されることはよく知られている。洪水や干魃《かんばつ》などの天災が起きれば必ず政権党への批判票が増えるし、海水浴場に人食い鮫が現れただけで野党の得票率は上がるのである。まさに、「選挙は水もの」である。

リベラルな評論家は大衆の非合理を嘆くが、人間の行動はいつも理性に統御されているわけではないし、非合理であるからといって責められるわけでもない。いやむしろ、ジェイムズにとっては、このような内心の声に聞き従うことこそ、倫理的にも正しいのである。すべてほんとうのもの、真正なものは、集団や組織ではなく個人にあり、各人の心の深奥で感じられるものである。

宗教もしかり。だからジェイムズは、自分が論じているのは「純粋に内的な生命の現われ」のことであって、それを「卑劣で邪悪な団体的精神」や「偏狭な知性による教義的支配」に毒された既存の宗教と混同しないでほしい、と懇願しているほどである（ジェイムズ 下：一二六―一二七頁）。彼にとって、純粋な宗教が集団化することは不可能であり、自分が心から信じていない教会に属することは倫理的な悪なのである。

客観的意味の喪失

精神史の時代的な大枠から見ると、こうした個人の内面的で主観的な確信のもち方は、近代精神にとってある程度は当然の帰結である。近代は、客観的な世界から意味や目的といった概念を一掃することで成立した。一七世紀の天文学的な発見により、宇宙は神的でも永遠でもなく、目的をもった秩序でもなくなった。パスカルからキルケゴールを経てニーチェやハイデガーやサルトルに至る実存思想は、カール・レーヴィットの言葉を借りると、「形而上学的な故郷喪失」という事態を表現している。

古代ギリシア人の考えたコスモスには、生命と秩序が内在していた。そこへ聖書的な創造観が登場し、世界はみずからの内に存在と秩序の根拠をもたない被造物にすぎなくなった。コスモスが世俗化されたのである。それでもまだ、世界は創造者によって外から目的や意味を与えられた存在だった。その聖書的な創造観をも失ったのが、現代人である。その結果、人は何の目的連関もなく自然世界の中に放り込まれた「偶然的な存在」にすぎなくなってしまった。

にもかかわらず、人はどこかに意味を求め続ける。もし客観的な世界の側に意味がないのなら、それは自己の主観の内に見いだされなければならない。これを宗教学的に言い直したのが、ヴェーバーの脱魔術化論である。脱魔術化により物化した世界は、もはや客観的な意味の所在を教えてくれない。世界はただ存在するだけで、出来事はただ生起するだけである。だから今度は、個人が主観的な決断により、自分を世界へと有意味的に関連づけて理解しなければならないのである。

意味付与は、今や個人の主観や決断の問題となった。われわれは、客観的な確実性や自明性を失い、曖昧で不安な生の中でみずから意味連関のある世界を構成しなければならない。何とも窮屈な世の中である。それを「鉄の檻《おり》」と感じる人も出てくるだろうが、そこに自分を閉じ込めているのは、どうやら現代人自身である。

3　普遍化する異端

「選ばない」という選択

「異端」(heresy)という言葉がギリシア語の「選択」(hairesis)に由来することは、すでに紹介した。茫洋として捉えどころのない全体性を特徴とし、最大外周を囲うことによってのみその存在を薄明かりの中に指し示すことしかできないのが「正統」だとすれば、その中から特定の項目だけを選んで明るいスポット光を当てるのが「異端」である。中世カトリック教会の秘跡論でも、朱子学の理気論でも、二〇世紀の共産主義でも、あるいは現代民主主義におけるポピュリズムでも、「異端」とされるものは常に、本来的で健全な全体を構成していたはずの特定部分が不均衡に亢進して暴走した結果を示している。

そこまではよい。だが、「異端は選択の結果だ」という説明には、ある拭いがたい論理的な矛盾が含まれている。それは、「選ばない」という選択肢(?)の存在である。「選ぶ」という選択肢があるなら、「選ばない」という選択肢もあるわけで、選ばない者も結局はそれを選んでいる、ということになる。正統も「選ばない」わけではなく、デフォルト(初期状態)のままであり続けることを選んでいる。そして、デフォルトでないありかたを選ぶのが異端だ、ということになる。だから、「選ばないのが正統だ」という当初の言い回しは、厳密には正しくない。「選ばない」を選ぶ人が圧倒的に多いところに「正統」がある、と言い換えられねばならないだろう。

宿命から選択へ

現代社会では、このデフォルトの存在自体もあやふやになっている。宗教社会学者のピーター・バーガーによると、現代人は生のあらゆる領域において「宿命」から「選択」への移行を強いられている。かつて人は、閉ざされた世界で自分の伝統の中に埋没したまま、そこに安住することができた。しかし今は、否応なく外からの情報が流入してきて、ありとあらゆる選択の可能性を提示してくれる。たとえそれらに手を伸ばさないとしても、従来の世界に留まるのを望むこと自体が一つの決断なのである。

選択の広がりは、個人と社会のあらゆる局面に及んでいる。たとえば性に関して言えば、男女の社会的なジェンダー区別にとどまらず、もって生まれた性別ですら、選択の対象となり得る時代である。かつて「所与」であり「宿命」であったことに、今は「決断」による「選択」が求められている。身体的な性を手術により転換することは、当事者にとっては必ずしも自由な選択とは言えないかもしれない。だがそれでも、以前の時代には存在しなかった選択肢が出現すれば、それを選ぶことだけでなく、選ばないでいることもやはり選択の一つとなってしまうのである。

こうなると、「置かれた場所で咲きなさい」などという優しい助言は通用しなくなる。「置かれる」を別の言葉で言い直すと「所与」だが、現代社会にはこの所与というデフォルト性がない。置かれた場所が気に入らないなら、自分の意志で別のところに移りなさい、それはあなたの決断しだいです、と言われてしまうのである。先の尊い助言はカトリックのシスターによるものだが、時代はむしろプロテスタント化している。というより、個々人が異議申し立て〈プロテスト〉を続け、際限なく分裂を繰り返してゆく「プロテスタント病」にかかっている、と言わねばならない。

前章では、近代以降の人間がもつ制度や組織への疑念のことを、「ある程度は健康な批判精神の徴表」であると記した。本章では、それが「健康な程度」を超えて亢進した場合の話をしなければならない。第四章で論じたペラギウス主義も、このプロテスタント病の典型的な症状を呈している。その本質をひとことで言うと、「意志力の崇拝」つまり「やればできる」と信じたがる精神である。この病は、特に現代アメリカで重篤である。この観点からすると、オバマとトランプという、他の諸点では強い対照を示す二人も、ともに〈Can-do Spirit〉の持ち主として、まったく同じ病態を示している、という診断になる。

あらかじめ失われた故郷

自分の意志や努力で何でもできるのなら、置かれた境遇に文句を言うことはできない。できなければ、自分が悪いだけである。だからこの論理は、失敗や敗北を合理化することができない。バーガーはこのような現代人を「不安なプロメテウス」になぞらえた。自分が置かれた「分際」に満足せず、禁忌とされた能力をみずから手にしながら、結局その力によって自由へと宿命づけられ、不安と苦しみの生を送り続けた、あの神話的存在である。

もし選ぶことが異端なら、そしてすべての現代人が選ぶことを強制されているなら、現代は異端が普遍化された時代である。異端だらけの時代に、正統の居場所がないのは当然だろう。われわれが本書を通して追いかけてきた正統の腐蝕は、このあたりから始まっている。所与がなければ正統もない。再びバーガーを引用すれば、「異端は、もはや権威ある伝統という明確な背景のなかから際立つものではなくなっている。背景がおぼろになり、消え去ってすらしまったのである」（バーガー 一九八七年：三六頁）。正統という明確な背景があってこそ、異端も生きる。だから、失われたのは正統だけではない。正統の消失とともに、異端もまたホームレスと化して大都会の裏通りを彷徨うことになったのである。

それでも、人は正統と異端という秩序の記憶に生きる。だから現代世界は、始まった時にはすでに失われていた。人は、あらかじめ疎外されており、安住すべき故郷を追われた存在として自分を意識する。はじめから見たこともない神話的過去へのノスタルジーを植え付けられ、どこかに調和ある世界の回復を希求し続けるのである。

個々の精神は儚く、異端もまた一人では存在し得ない。チェスタトンが嘆いたように、異端の「私化」は二〇世紀冒頭の英国でも見られたことだが、この現象はアメリカでは「個人主義の宗教化」という形態ですでにそれ以前から深く進行していた。本章のはじめに引用したジェイムズは、その典型的な体現者である。以下にジェイムズのこの直系の系譜を遡り、エマソンとソローという「個人主義的宗教の元祖」と言うべき二人の人物に焦点をあてて、それが現代の趨勢となった経緯を確認しよう。

4　個人主義的宗教の煌めき

魅了されたギフォード卿

本章冒頭に紹介した「ギフォード講演」の発足には、あるアメリカ人の哲学者が関わっている。ラルフ・ウォルドー・エマソンである。

エマソンは、ハーバード大学を卒業後ヨーロッパ各地へ旅行し、ワーズワースやカーライルら当代の知識人と交流を結び、それをアメリカにもち帰って知的覚醒をもたらした人物である。やがて彼の思想は「超絶主義」として知られるようになり、その名は母校のレクチャーホールに冠せられて今日まで残ることになる。

その彼が一八四七年にエディンバラで行った講演の熱心な聴衆の中に、若きギフォード卿がいた。エマソンは、アメリカがスコットランドから受けた知的遺産への返礼の思いを込めて語ったのだが、ギフォード卿はその講演に、きわめて新鮮な宗教理解と詩的な形而上学の響きを聞き取った。後年のギフォード講演講座は、彼がこのエマソンの講演に触発されて開設したものと言われている。

たしかに、エマソンの思想は当時としてはかなり型破りである。はじめ彼はユニテリアン教会の牧師となるが、若くして結婚した妻を結核で喪ってからは、既存の「歴史的キリスト教」全体から訣別し、自然と宇宙と魂を貫く壮大なロマン主義的汎神論の世界を謳い上げるようになった。

仲介なしの直観

一八三八年の夏、エディンバラでの講演より一〇年ほど前のことだが、彼は新設間もないハーバード大学の神学部卒業式に招かれて講演を行う。その内容は、リベラルなユニテリアン教会の指導者にとってすら、度外れて奇矯《ききょう》な内容であった。

エマソンは、神を人間の魂と同列に扱い、キリストの奇跡を生の一般的な神秘に解消したのである。これから教会の牧師職に就こうとしている卒業生たちに向かって彼が語ったのは、「仲介も覆いもなしに」(without mediator or veil) 神を愛せよ、という託宣だった (Emerson, 1971: 90)。沈滞した教会を救う道はこれしかない。君たちは、聖人であれ預言者であれ、ウェスレーであれオベリンであれ、どんなに優れた前例があっても、それを真似るな。真似は救いがたい凡庸《ぼんよう》さを結果するだけだ。先人たちは、自分たちの霊を信頼して信仰に生きた。君たちにも同じ霊が宿っているはずだ。だから伝統や先例ではなく、自分の直観と感情だけを信じて、常に新たに真のキリスト教を創造せよ。——これが卒業生に向けた彼のメッセージであった。

教会の指導者を養成する神学部の教授たちが、このような言葉を容認できるはずもない。案の定、エマソンは「無神論者」の烙印を押され、その後三〇年ほど母校に招かれなかった。ちなみにこれは、まことに温情溢《あふ》れる措置である。世が世なら、というかこれが二〇〇年前のピューリタン社会だったら、彼は容赦なく裁判にかけられて追放刑に処せられたことだろう。まさにそれが、同じこのマサチューセッツで同じような主張をしたアン・ハチンソンへの処断だったのだから。

彼の言葉にもう一度目をとめてほしい。「仲介なしに」ということは、個々人が神と直接結び合う、ということである。それは、仲介者であるキリストをないがしろにするだけでなく、恩寵の仲介施設である教会を無用化することである。エマソンにとって、仲介物は夾雑物である。神は、かつて語った(deus dixit)だけでなく、今も語っている(deus dicit)。先人たちはそれを直接に聞いた。だからわれわれも、彼らを通して聞くのではなく、自分たちで直接に聞くべきなのである。個々の崇高な魂は、かくして神との直接で無限の語り合いへといざなわれ、大自然の中で宇宙の鼓動と一体化する。このような神秘主義的な宗教観には、教会や牧師という凡庸な人為的制度が介在する余地はない。

エマソンからジェイムズへ

では、この宗教性はその後どのように発展してゆくのだろうか。後年、エマソンの話を聞いたある人が友人に宛てて書いている。

エマソンの演説は、今まで以上にめちゃくちゃだ。何の脈絡もなしに始まり、あらゆる方面へと展開したまま、唐突に終わる。それなのに、そのばらばらな一つ一つの言葉が、すべて星くずのように煌《きら》めいていて美しいのだ。それはまるで、もう少し見続けていれば、ぼうっとした星の雲が渦のようにぐるぐると回り出し、やがてそれ自身の体系がもつ重力の数学的な正確さで惑星へと形をなしてゆくに違いない、と思わせるほどだ(Lowell, 86)。

暗黒の虚空《こくう》に妖しく光り輝く星雲の渦が、はたしてどのような実体へと凝集することになるのか。それを見届けたい、と思う人は少なくないだろう。この煌めきへの期待感が、エディンバラでギフォード卿を虜にしたエマソンの魅力である。エマソンのように優れた個人の感性をもって、既存の宗教や制度に囚われず、私心なく自然と宇宙、神と魂の本質を究めるなら、どんなにすばらしい成果がもたらされることであろうか——それが、「自然神学」を主題に掲げるギフォード講演設立の動機であった。

エマソンの煌めくような講演の半世紀後、そのギフォード講演にウィリアム・ジェイムズが招かれる。この人選は、講演の設立趣旨を十分に汲んでいる。ジェイムズの思想は、星の煌めきまではともかく、個人の直接的な宗教性の尊重という点では、エマソンの思想の引き写しだからである。既成宗教はすべてまやかしで退屈な二番煎《せん》じだ。先人の真似をするな。各自は、それぞれの心の内で正しいと感じることだけを尊重せよ——エマソンとジェイムズは、この理解で一直線上につながっている。そしてこの直線は、そのまま他ならぬ今日のわれわれ自身にまで延伸している。「宗教は制度じゃないよ、一人ひとりの心の問題だよ」。この理解こそ、現代人が宗教に関して抱くもっとも基本的な共通理解となっているからである。

なお、エマソンとジェイムズには、もう少し私的で家族的なつながりもある。エマソンは、一八四二年に幼い長男を猩紅熱《しょうこうねつ》で喪うが、友人のジェイムズ家にはその半月ほど前に長男が生まれていた。父ジェイムズは、悲しみに沈むエマソンを慰めようと、生まれたばかりのわが子の名付け親になってくれるよう彼に頼み、そして名付けられたのがウィリアムである。

やがて長じて研究者となったウィリアム・ジェイムズは、名付け親に自分と同じ感性を見いだし、エマソンの「内的経験」という思想を賞賛するようになった。ただし、子ども世代の常として、ちょっぴりだが親世代に批判的でもある。ジェイムズの評によると、エマソンは「神を抽象的な理想性のなかへ蒸発させてしまっている」ということだが(ジェイムズ 上:五三頁)、エマソンが神を抽象性へと蒸発させたとすれば、ジェイムズは神を個人の内面へと解消してしまったのだから、似た者同士、どっちもどっち、あんたに言われたくないよ、というほどの違いにすぎない。

5　反骨性のアイコン

生真面目な軽薄さ

さてもう一人、そのエマソンにもっとも近い友人で、エマソンの個人主義的な宗教性をさらに現代風に味付けしたのが、ヘンリー・デイヴィッド・ソローである。二〇一七年は彼の生誕二〇〇年だったが、彼こそジェイムズに負けず劣らず、われわれの同時代人であると言ってよい。

ソローは、独立不羈《ふき》の精神で物質文明を批判し、近郊の湖畔に小屋を建てて移り住み、その自給自足と晴耕雨読の生活を『ウォールデン』(森の生活)に綴った。奴隷制度やメキシコ戦争に反対して、税金の不払いという「市民的不服従」を実行し投獄された。『ヴェーダ』や『マヌ法典』を読み、狭いキリスト教の枠を超えた東洋的な神秘思想に傾倒した。こうした経歴から、その飾らない身なりや無精髭の風貌などと相まって、ソローは二〇世紀後半にはカウンターカルチャーの元祖アイコンと見なされるようになった。

近年はエコロジストとしての側面も評価されており、彼の書いたものが自然観察の教科書のように扱われることもある。ソローは、野に咲く草花のことをラテン語の学名や先住民の通名とともに克明に記録した。エマソンによると、その記録ぶりは「どこのどの花はあと何日で満期を迎える」などと、まるで銀行員が金銭貸借の出納簿をつけるような正確さだったという(Emerson, 1992: 425)。無頓着で几帳面。生真面目で軽薄。彼の身上は、こうした取り合わせの妙にある。

彼は、ハーバードを卒業したインテリだが、大学や学問には何の恩義も感じていない。家業の鉛筆製造を手伝ったり教師の真似事をしたりしたことはあるが、定職に就いたことはない。気高い精神の自由を強調したが、実生活では自立することなく周囲の庇護と援助に依存した。エマソンに親炙《しんしゃ》して彼の家に寄寓《きぐう》し、その思想を魂の深みまで呼吸したが、お互いへの評価はしばしば緊張を孕んでいた。生涯独身で、家族をもたず、酒も煙草もやらず、教会に通ったこともなく、投票をしたこともない。身の回りの自然を愛おしみつつ、質素な暮らしを王侯のように豊かな心で楽しんだ。かといって、都市文明に背を向けた根っからの自然人、というわけでもない。彼の住んだ森の小屋は、実のところ町からほんの二キロしか離れておらず、近くには母のいる実家もあって、彼はそこにもしばしば出入りした。

現代っ子ソロー

一般にソローというと、生涯の半分を森の小屋で過ごし、残りの半分を牢屋で過ごしたかのように思われているが、実際に彼が森に住んだのは二年ほどだし、監獄にいたのはわずか一晩である。収監された時には、友人が税金を代償してくれたおかげで無罪放免となったが、翌朝それを聞いたソローは、自分が払ったのではないからここに留まりたい、としばらくだだをこねて見せたものの、午後にはさっさとコケモモ採りに行ってしまったという。連邦政府を相手に大見得を切った割には、お気楽な結末である。

ソローの市民的不服従は、マハトマ・ガンディやキング牧師にも影響を与えたと言われているが、彼らの壮絶な自己犠牲の生涯からすると、このあまりの軽さには少々たじろいてしまう。そのお手軽さが、いかにも現代っ子らしい相貌を彼に与えている。ソローは、厳粛な良心をもって呑気なアナーキーを推奨する、いわば「ハーバード卒のハックルベリー・フィン」のような存在である。

既成宗教の愚かさを批判する彼の舌鋒《ぜっぽう》は、エマソンやジェイムズよりも鋭い。二人と違って、ソローが教会や大学といった組織集団に一度も所属したことがないからかもしれない。一九世紀中葉のニューイングランドでは、批判の対象となるべき正統の所在がまだまだ十分にはっきりしていた、ということもあるだろう。

ある日曜の朝、彼が教会ではなく山登りへと向かっていると、道ですれ違った聖職者が安息日の礼拝を守ろうとしない彼のことを陰鬱に叱りつけた。そこで彼は記すのである（ソロー 九四―九六頁）。「実際のところ、今日では、祈願し、安息日を守り、教会を再建する以上の不信心はない」。教会というところは、晴れた日に「宗教的不具者」が年金受給者のように過ごすところで、「いかさま治療」でいっぱいだ。人は藁《わら》にしがみつくように、教義に熱心にしがみつくが、人間のほんとうの信仰は、教義の中にはない。教義は信仰ではないからだ――。

これがソローの宗教観である。教義は信仰ではない、というあたりは、本書が繰り返し見てきたことで、現代では信仰のあるなしにかかわらず、大多数の者が同意することだろう。実は初代教会の始まりからその通りなのだが、そうした誤解まで含めて、ソローはまことに今日的な宗教理解をもっている。

反対するときだけ元気になる

ソローはここで、宗教を個人化しようとしているのではない。既存の宗教を個人向けに造り変えようとしているのではなく、一から新たに自分用の宗教を拵えようとしているのでもない。むしろ、個人主義を神聖視し宗教化しているのである。自分という存在とその自由な表現に至高の価値を見いだし、個人であることに宗教的な使命と情熱を感じているのである。

だから彼は、周囲の人と絆を結ぶことがない。これはチェスタトンが見た現代の異端者の特徴である。ソローが対等な絆を結べるのは、自然を相手にする時だけである。エマソンは、やや皮肉を込めてソローのことを「何かに反対するときだけ元気いっぱいになる」と評している(Emerson, 1992: 420)。もう少し忠実に訳すと、「何かに反対するときがいちばん自分らしいと感じられる」のである。

反対の対象はさまざまであり得る。政治であっても宗教であってもよい。奴隷制度でも貨幣経済でも、出版業界でも婚姻制度でもよい。とにかく何を聞いても、最初に「否」と答えるのが彼の本能なのである。ただし、自分がその担い手側に回ることはない。肩書きも財産も家族もない彼のことであるから、「否」を言うことで支払うべき代償は何もないのである。だからソローは、「生まれながらの異議申し立て者」で、「けっして屈服することのない戦士」である。

だが、エマソンが見抜いていた通り、その戦いには「ちょっとした勝利の感覚」と「鳴りもの太鼓」の後押しが必要であった。つまり彼は、何かに反対して一人で立ち上がる、という自己イメージに宗教的な昂揚《こうよう》を感じており、それを原動力とし拠点として自己の生を組み立てているのである。周囲からの賞賛と、崇高な使命感の陶酔。自分に同調しない者は、隣人であろうと友人であろうと、容赦なく敵方に数えて攻撃する純粋さと生硬《せいこう》さ。これが個人主義的宗教の特徴である。

6　今日もっともありふれた宗教形態

「なんちゃって異端」

以上見てきたジェイムズ、エマソン、ソローという三人に共通しているのは、既存の制度を否定し、その権威を否定し、それに代わって自己の内心を真理の最終審級の座とすることである。このような考え方が一般化すれば、従来の公共的な権威の座としての正統が溶融し、やがて背景からも消失するのは当然だろう。

だが、正統の消失は、それだけでは終わらない。背景としての正統の消失に付随して、異端もまた明確な輪郭をもつことが難しくなる。異端は、本来正統を批判するだけでなく、それに代わる新たな伝統を形成する志をもつことで異端となるからである。異端であるには、やがて自分こそが新たな正統の担い手となる、という気概が必要である。

われわれが見てきた歴史的な異端者は、それぞれ高い志をもったまことに尊敬すべき人びとだが、今日われわれが目にする「異端」の標榜者には、残念ながらそういう気概がない。「正統に成り代わる」などという骨の折れる仕事はしたくない。でも、自分なりに有意味な社会参加はしてみたい。それが、「個人参加」の資格で行われる「なんちゃって異端」の実相である。

現代のネット社会では、ある際だった意見の表明があると、無数の個人から雨のように批判が降り注ぐ。けれども、それらの雨粒がまとまった批判勢力として名乗り出ることはない。批判する側に身を置いている限り、自分が批判される側に回る心配はないからである。ソローと同じで、人びとは批判することの代償を自分で支払わない。

現代の「神秘主義」類型

これまでのところ、正統と異端を理解するための基本的な構図は、正統派の「チャーチ」と異端の「セクト」、という対立であった。だが、今日の宗教性を理解するには、どうやらそれでは少し足りないようである。

ヴェーバーの盟友であったトレルチは、この二つに「神秘主義」という第三の類型を加えている。このことはよく知られているが、その「神秘主義」という言葉の指す内容は未だによく理解されていないようである。それは、何か特殊な瞑想や超自然的な体験をすることを意味しているのではない。トレルチ自身の言葉によると、この類型は「宗教的体験の直接性」すなわち「祭儀、教義、制度の客観性に満足しない感情の内面性」を第一義的に尊重する宗教性のことである。そしてこれが、「直接的な宗教体験に根ざす、ラディカルな無組織の個人主義」を結果する（トレルチ　七：二四七頁、二六六頁）。

これはあたかも、われわれが引用してきたエマソンやソローやジェイムズの文章を脇に置いて読みながら記したような定義ではないか。平たく言うと、「宗教とは教義や組織ではなく、教会や聖職者などの外的な媒介は不要で、個々人が直接心で実感するものだ」ということである。

「シーライズム」

ロバート・ベラーはこれを現代社会で「もっともありふれた宗教形態」と呼んだ（ベラー他

二九八頁)。彼の研究チームは多くのインタビュー調査を行ったが、その調査相手の一人は、自分の宗教を「シーライズム」と名付けている。これは、自分のファースト・ネームを宗教に見立てた名前で、まさに「宗教と化した個人主義」の具体例である。その教祖であり唯一人の信者であるシーラ本人によると、この宗教は「私自身のささやかな内なる声」を信じ、「汝自身を愛せ、汝自身に優しくあれ」を教義としている。

こうした人びとは、セクト類型がもつような連帯や規律をまったく欠いており、徹底した個人主義で、教育程度の高い富裕層に多く見られる。ベラーの見ていた二〇世紀末のアメリカでは、名目上チャーチやセクトなど特定の宗教集団に所属している人の中にも、実際にはこの類型に入る人が多い、と推測されている。そんな見せかけも不要となった今日では、もっと多くの「シーライスト」がいることだろう。

ベラーだけではない。実のところ、トレルチもヴェーバーも、啓蒙主義以降の教養主義的な文化プロテスタンティズムがこうした非制度的な宗教性に行き着くであろうことを予測していた。つまり現代は、チャーチやセクトではなく、そういう組織を形成しない個人主義こそが宗教の本義となった時代である。この個人主義的宗教性のことを、トレルチは「神秘主義」と呼んだのである。二〇世紀初頭のヨーロッパには、「教会とかには行かないけれど、まったくの無宗教というわけじゃなくて、自分なりに宗教的である」という人は、すでに無視できないほど増えていた。現代アメリカなら、これは「宗教的(religious)ではないけれど霊的(spiritual)である」と自認する圧倒的大多数の人びとのことである。

7 個人主義的宗教の特徴

御上たたき

では、その宗教的性格はどのようなところにあらわれるのか。一般に、トレルチの言う「神秘主義」類型に属する人びとは、現世に対するコミットメントが低く、無関心かせいぜいのところ妥協的な態度に終始する、とされている。だが、現代の個人主義的宗教には、しばしば異端的セクトの過激さが転移している。彼らは、ソローのごとく、人びとの間で権威とされているものに批判を浴びせかける時、もっとも確かな自分のアイデンティティを感じるのである。

彼らはその時、自分が正義の側に立っていることを実感しており、自分の怒りは社会的に是認されるべき公憤であると考えている。ここには、ある種の宗教的な昂揚感が漂っている。だからあれほど過激になるのである。インターネット世界の肥大化はそれに拍車をかけたが、ネット空間そのものがこの現象の原因というわけではない。

現代のこうした批判勢力のありかたに違和感を抱く人もある。先崎彰容《せんざきあきなか》は、一度目と二度目の東京オリンピックに対する人びとの「気分」の違いに注目して、こんな説明を加えている。一九六四年のオリンピックは、高度成長期を迎える頃で、人びとが肯定的な世界観を謳歌する中で開かれた。そこには、誰もが納得し共有し目標とするような普遍的価値があった。不安や欺瞞がなかったわけではないが、それを凌駕するだけの揺るぎない権威の存在感があった。

だが、二〇二〇年のオリンピックには、そのような一体感や祝賀感がまったく欠落している。新国立競技場の計画見直しと大会エンブレムの盗作疑惑という二つの躓《つまず》きに感じられたのは、「現在の私たちを支配する否定と批判、何かを引き摺《ず》り下ろそうとするシニカルな気分」だという(先崎 二二頁)。権力に対する疑念は、前にも触れたように、ある程度までは当然で健全である。だが、権力の座にある者に絶えず暴言を浴びせ、目上の立場にある者を執拗に攻撃するという「御上《おかみ》たたき」は、やはり不健全でいびつな権力観をあらわしている。

政治家ばかりではない。学校の教師、地域の管理者、大学の行政部。相手は何でもよい。自分より上の立場にある者に対しては、どんな非合理な批難をぶつけてもよい、と考えられている。先崎によると、権威の喪失は現代社会の特質だが、かつて聖職とみなされていた職業や地位には、今なお「権威の残り香」がつきまとっている(同七三頁)。それを嗅ぎつけると、まるで動物的な反感のスイッチが入ったように、批判者たちは正統意識に酔いしれながら容赦のない全否定を浴びせかけるようになるのである。

無意識の宗教的熱狂

宗教学的に見ると、これは正統を批判する異端の宗教的な正義感とまったく同質である。体制批判は、正統が見失われた時代の代替宗教なのである。この意味で彼らは、チャーチに対峙するセクトに近い。違うのは、その後である。

批判者たちは他者攻撃においては仲間意識を共有しても、その後に来るべき新たな秩序の形成をともに担うという段になると、とたんに腰が引けてくる。その限り、あくまでも個人主義にとどまる宗教なのである。ここには、伝統の意義を否定し、既存の制度を葬《ほうむ》り、正統の権威を引きずり下ろした後に残る空虚さの予感がある。ニーチェ的に言えば、神を殺した後にその当事者たちを襲う罪悪感がある。だから人は、その空虚さを埋めようとして無意識ながら過度に宗教的になるのである。

人は誰でも、神とつながっていたい。別の表現をすれば、超越的な根拠によって自己の生の有意義さを確認したいのである。アイデンティティは、自分一人で作られるものではなく、個人を超越する何ものかとの連帯により、自分より大きな何ものかへの献身によって、はじめて確立する。既存の宗教に求めて得られないのなら、それは自分で作るしかない。ヴォルテールは正しい。神がいなければ、神は発明されなければならない。それが人間の運命である。

だから人は、宗教がなければ代替宗教を作る。偶像が破壊された後には、新たな神殿が建てられる。熱情による革命が旧体制とその宗教を倒した後には、人類の名における理性の宗教が樹立されるのである。

テイラーのジェイムズ批判

読者の中には、こうした現象を「宗教」というカテゴリーで考えることに慣れていない方があるかもしれない。しかし、昔も今も、宗教という現象は「仏教」「キリスト教」「イスラム教」などという名前をもった組織宗教に限定されてはいなかった。人間の宗教性にとって、神という存在のあるなしは、実はさほど問題にはならないのである。フロイトなら、神殺しの罪悪感こそ法体系の源泉だと説明するだろうし、デュルケムなら、そもそも社会の公共性は本来宗教的なものだと解説してくれるだろう。

一九世紀末、ジェイムズの講演の少し前に、「宗教以外のあらゆる信念と行動とが、ますます宗教的性格を稀薄《きはく》にしてゆくにつれて、個人こそがある種の宗教の対象となる」と予言したのはデュルケムであった（デュルケム 一六七頁）。彼の言う「個人主義的宗教」は、人格の神聖さという近代の基本的原理から導き出されたもので、けっして利己主義の別名ではない。デュルケムはむしろ、社会の分業と連帯が進めば進むほど、個人はますます自律的になり、かつ同時に成員間の相互依存と組織的な統合の度合いも深まってゆく、と考えていたのである。

邦訳では関連性がよく見えないが、冒頭に引用したテイラーの『今日の宗教の諸相』も、その題名からして、実は一〇〇年前に書かれたジェイムズの『宗教的経験の諸相』に対する批判である。ジェイムズにとり真正な宗教は個人の経験にだけ存在するものだったが、テイラーにとって宗教は集合的な共有の形態をとることもある。だから「個人の宗教的経験」の多様性ではなく、「宗教」のありかたそのものの多様性を論じるべきだ、というのがその題名に隠された意図なのである。

集団や組織となった宗教には、たしかに二番煎じで胡散臭いことも多い。だがしかし、そのような集まりでしか実現できない宗教性もあり、そのような宗教性の裏付けによって個人と社会がともに成熟してゆく可能性もある。テイラーは、宗教を個人の経験からだけ見ていたのでは見落とされてしまう相関関係がある、と論じている。個人が社会を意識するには、宗教が必要なのである。かくして正統と異端の問題は、個人と社会の関係、そしてその間をつなぐ宗教へと収斂してゆく。

終章

今日の正統と異端のかたち

アルブレヒト・デューラー「騎士と死と悪魔」

1　民主主義とポピュリズム

ポピュリズムは現代の正統か

本書は、現代政治の変質をどのように理解すべきか、という序章の問いから始められた。終章では、近年世界各地で見られるようになったポピュリズムの蔓延から正統と異端の問題を考えておこう。もし「正統」が大多数の人びとの意見と同義なのだとすれば、ポピュリズムは現代民主主義の「正統」なのだろうか。もし「大衆迎合」という意味の悪しきポピュリズムが「異端」なら、民主主義は異端に乗っ取られてしまった、ということなのだろうか。あるいは、ポピュリズムを悪者扱いするこうした見方こそ浅薄で、大手メディアや既成権力といった体制側の有権者蔑視を露呈するものなのだろうか。

「ポピュリズム」を定義するのは難しい。ポピュリストには右も左もあり、保守派も進歩派もあり、国粋主義者もいれば社会主義者もいて、どのような定義をするにしても、それらすべてを一つの定義のもとに包摂することはできないからである。そして、まさにこの点にポピュリズムの固有な特徴がある。ジョージア大学の政治学者カス・ミュデによると、ポピュリズムにはそもそもイデオロギー的な理念の厚みが存在しない。従来のイデオロギーは、全体主義にせよ共産主義にせよ、政治や経済から文化や芸術まで、社会全体のあるべき姿を描き出そうとしたものである。

だが、ポピュリズムはそのような全体的な将来構想をもたない。あるのはただ、「雇用」「移民」「テロ」など、その時点でその社会がもつ特定の政治的アジェンダに限定した語りかけの言説である。だからポピュリストは、あれこれの不特定イデオロギーに仮託して世界観的な厚みの欠如を繕《つくろ》おうとするのである。当然ながら、その結びつきに方向性や一貫性があるわけではないので、借用物は時と場合に応じて自由に変幻することになる。ポピュリズムを理解することが難しいのは、この融通無碍な性格のゆえである。

全体を僭称する部分

ポピュリズムの蔓延が社会を分断する結果になるのも、同じ理屈からである。ポピュリストは社会に多元的な価値が存在することを認めない。特定の狭い政治的アジェンダに対する賛成か反対かで有権者を二分し、そこに道徳的な善と悪を明快に割り振る。投票による過半数を握った時点で、彼らは全国民の代表者となり、民主主義の正統性をまとった善の体現者であることになる。すると、これに反対する者は、すべて不道徳で腐敗した既存勢力であり、国民の敵と見なされるようになる。トルコのエルドアン大統領の発言に、「われわれは人民だ。あんたはいったい誰だ」（We are the people. Who are you?）というのがあるが、まさにポピュリズムの名台詞である。このように全体を僭称することが、異端の特徴である。

しかし、成熟した民主的な社会にあっては、人びとの価値観は多様であり得る。一つの論点については賛成でも、別の論点については反対、という重層的な判断がビッグデータのように幾重にも集積してはじめて、社会の共通意志を忖度《そんたく》することができるようになるのである。現代の投票制度は、そこまできめ細かく民意を問うようにはできていないので、いったん政権の座に就いた者はフリーハンドを得たことになる。

一つの社会に複数の中心を置いて権力を分散させ、特定の集団が覇権を握らないように配慮するのは、多元主義が培ってきた知恵である。こうしたチェック＆バランスも、ポピュリストには鬱陶しいだけである。自分は人びとの全面的な支持を得て善を行おうとしているのに、その自分の手を縛る不当な制約だ、と映るからである。

2　正統性を堪能する人びと

反知性主義から権威主義へ

常識的な抑制や均衡に対するこうした反発は、しばしば反知性主義と一体になって表現される。どちらも、既成の権力や体制派のエリートに対する大衆の反感を梃子《てこ》にした勢力だからである。そのためポピュリストは、服装から言葉遣いに至るまで、あくまでも自分が専門家集団の外部に立つアマチュアであることを強調する。序章で見たとおり、プロの政治家はみな腐敗した権力構造の虜で既得権益を守ろうとするが、素朴な民衆はいつも騙されて搾取される被害者だ、そして自分こそそういう民衆全体の利益代表者だ、という設定である。

ポピュリズムが容易に権威主義へと転じ、野党やメディアや司法といった批判的機能を封殺しようとするのも、全体性主張の論理からして当然の道理である。イタリアのベルルスコーニ元首相は、選挙で選ばれていない裁判官が「赤い法服」(左翼主義)を纏って自分の邪魔をする、という批判を繰り返した。発足したばかりのトランプ政権も、特定宗教を狙い撃ちにした入国禁止の大統領令を出し、連邦裁判所がそれを差し止めると、裁判官への侮蔑や司法の独立に対する不満を露わにした。

ポピュリストは、たとえぎりぎりの過半数であっても、ひとたび権力を掌握すると、あとは有権者をすべて「サイレント・マジョリティ」と見なして自己への同調者に算入する。そうすると、自分は国民の声を代弁する存在となるから、反対者をまさに民主主義の名において圧倒することができるようになるのである。これは前世紀前半を覆った全体主義の歴史においても、あるいは今世紀の欧州や中南米においても見られる、ポピュリストに共通の手法である。部分が全体を僭称するとき、暴走を制御するはずの内部規範は無力化され、排外主義が人びとを支配するようになる。

ちなみに、「サイレント・マジョリティ」は、ニクソン大統領が「ベトナム反戦運動などの面倒な政府批判に加わらず、静かに自分を支持してくれている人びと」という意味で使った言葉である。トランプ大統領にとっては、体面を気にして表に出てこない自分の支持者たちを意味していた。もちろん、それらの人びとが実際に何を考え誰を支持しているかを知るすべはないので、政治家には使い勝手のよい言葉である。

宗教的熱情と善悪二元論

だが、ポピュリズムの蔓延を理解するには、こうした政治制度の面だけでなく、そこに表出された人びとの主観的な熱情を理解する必要がある。なぜ良識ある普通の市民が、いともたやすくポピュリズムの波にさらわれてしまうのか。この疑問は、ポピュリズムを単に強烈な指導者に踊らされた大衆の一時的な反動として片付けている限り、解くことができない。

ポピュリズムのもつ熱情は、本質的には宗教的な熱情と同根である。社会的な不正義の是正を求める人びとは、かつては教会や寺院などの宗教的な組織にその集団的な表現経路を見いだしていた。既成宗教が弱体化して人びとの発言を集約する機能をもたなくなった今日、その情熱の排出に代替的な手段を与えているのがポピュリズムなのである。この点で、ポピュリズムは反知性主義と同じく、宗教なき時代に興隆する代替宗教の一様態である。

ポピュリズムの宗教的な性格は、その善悪二元論にも明らかである。政治は本来、妥協と調整の世界である。一方的な善の体現者もいなければ、一方的な悪の体現者もいない。しかし、ひとたび全国民の「声なき声」を代弁する立場を襲うと、彼らの闘争には「悪に対する善の闘争」という宇宙論的な意義が付与され、にわかに宗教的な二元論の様相を帯びる。だからポピュリストの発言は、妥協を許さない「あれかこれか」の原理主義へと転化しやすいのである。

市井の人びともこれを歓迎する。善悪二元論的な世界理解は、日頃抱いている不満や怒りを、たとえ争点とは事実上無関係であっても、そこに集約させてぶつけることができるからである。それによって人びとは、自分にも意義ある主体的な世界参加の道が開かれていることを実感する。つまり、ポピュリズムは一般市民に「正統性」の意識を抱かせ、それを堪能する機会を与えているのである。人びとは、匿名であるままに、みずからを安全な立場に置いた上で、この正統性意識を堪能することができる。

民主主義という概念は、本来いくつもの要素で構成されている。多数決原理はそのうちの一つにすぎず、投票による民意は時代を超えたより大きな多数者を代弁することができない。つまり、「多数者」といえどもやはり全体ではなく部分である。統治者は、全国民の排他的な代弁者ではない。したがってその統治は道徳的な闘争ではなく、統治者への反対も不道徳ではない。このことを忘却して部分が全体を僭称するとき、正統性は内側から蝕まれる。

3 信憑性構造としての正統

理念世界が崩壊するとき

最後に、正統が現代社会全体の中でどのような位置と機能をもち得るかを、もう一度確認しておこう。正統は、まず可能態として存在し、やがて現実態として認識される。本書全般を通して確認してきたことは、可能態の結実ないし結晶としての現実化でない限り、正統は権威をもつことがなく、したがって正統として機能しない、ということであった。正統が正統であるためには、その背後にそれを支える構造が必要だ、ということである。宗教社会学では、これを「信憑性構造」と呼ぶ。

人が何かを信ずる時、その人は社会全体に前提されている信憑性の体系の中でそれを信じている。ピーター・バーガーは、かつてこの信憑性構造を「主観的現実……を維持するのに必要とされる特定の社会的基礎と社会的過程」と定義した（バーガー、ルックマン 二三四頁）。もう少しわかりやすく言うと、信憑性構造とは、個々人が世界を真実のものと認識するのに必要な社会的基盤のことである。たとえば、インカ族にとって皇帝アタワルパは、彼らの宇宙論的な価値の中心であった。その王がスペイン人ピサロにより殺害されてしまった時、インカ族の信憑性構造は根本から破壊され、彼らの世界はあっけなく崩壊した（バーガー 一九七九年：六八―六九頁）。

同じことが現代に起きないとも限らない。序章でトランプ大統領の出現が世界を震撼させたことに触れたが、それは言うまでもなくアメリカの大統領が今日おそらく世界でもっとも強大な権力の持ち主だからである。権力は、強大であればあるほど、多くの複雑に絡み合った信憑性構造の上に成立している。そこで問題となるのは、大統領職にある者個人の信憑性ではなく（そんなものを期待する人は多くない）、この職そのものが前提する社会全体の信憑性構造の揺らぎである。

軍の正統性

一つだけ、具体例を挙げておこう。信憑性構造の揺らぎが深刻な問いを引き起こしかねない領域に、軍がある。ここは戦後日本の感覚ではにわかに摑《つか》みにくいところだが、アメリカ人にとって軍はほとんど宗教的な神聖さをもつ存在である。一般の国民も軍には尊敬と信頼を寄せているし、そもそも軍隊ほど正統性の求められる組織は少ない。剝き出しの暴力を扱う社会装置だからこそ、その行使には厳格な正統性が求められるのである。

トランプは、ジョン・マケイン上院議員の戦歴に侮蔑的な発言をしたり、イスラム教徒で戦死した陸軍大尉の遺族に無礼な返答をしたりと、就任前から軍の神聖さを冒瀆するような発言を繰り返して批判された。だが、さらに憂慮されるべきは、民主的な法治国家における最高司令官である文民の大統領が、軍の信頼を得られないという事態である。

大統領選中の二〇一六年三月、トランプがテロリスト集団と戦うために拷問という手段の使用を容認する可能性を示唆したとき、制服組の高官ははっきりと不同意を表明した。統合参謀本部長は、そのような手段は軍の規律にも国際条約にも反するし、そもそも米国の価値観と相容れない、と断言している。「かりにもし、大統領が拷問を命じたらどうするか」と問われた国家安全保障局元長官は、「米軍は行動することを拒むだろう」と答えている。

これは、命令系統の乱れだけでなく、文民統制そのものの破れを意味する。しかもこの場合、民主的な法治国家における正統性は、命令を拒否した軍の方にあることになる。上官の非人道的な命令に従うべきかどうかは、「ニュルンベルク裁判」における良心の問題としてしばしば論じられてきたが、米軍兵士はここで「非合法な命令に従ってはならない」という普遍的要請を優先させることが求められる。大統領が軍の指揮権を失い、軍が大統領の命令を無視してみずからの判断で行動するなら、これは軍事クーデタの性格すら帯びることになるだろう。今後の世界情勢が緊張すれば、同じ問いは核ミサイルの発射命令という戦慄すべき権限をめぐって起きることになる。大統領職の正統性を支える信憑性構造には、揺らぎがあってはならないのである。

「信仰システム」の危機

よく考えてみると、軍隊という組織は、即事的に言えば宗教とは何の関係もない。それが「神聖なもの」と認識されているのは、おそらく人間の生命や国家の運命に直接深く関わるからだろう。宗教的な感覚は、われわれがふだん「宗教」と名付けているものよりはるかに広く存在している。それが、社会の信憑性構造としての正統の在処を示唆するのである。

フランスでも、この意味における正統は、社会のごく基本的な枠組みとして認識されている。人類学者のエマニュエル・トッドは、二〇一六年二月のインタビューで暴力と差別の連鎖が起きている背景について尋ねられ、その原因に「信仰システムの崩壊」を挙げている。それは、狭義の既成宗教の崩壊と同義ではない。既成宗教の存在意義は、ヨーロッパだけでなくイスラム圏でも薄れつつあるが、トッドが問題にしているのはむしろ、イデオロギーや未来への夢といった、「人々がみんなで信じていて、各人の存在にも意義を与える」ものとしての「信仰システム」の崩壊である。ここにも、本書が「可能態における正統」と表現してきたものの存在を見いだすことができる。

　これらの世界認識においては、宗教的な権威が社会の公共的な秩序と二重写しになっている。この重なりは、歴史的にはごく自然なことである。使徒パウロによれば、すべて権威はそれ自体で神的な由来をもっていたし（「ローマ人への手紙」一三章）、近世にはそれが「王権神授説」となって世俗的な絶対王政の根拠づけにも使われた。

　ただし、いずれの場合にもあてはまることだが、この権威はそれが真理として主張されるようになった時点で、すでに揺らいでいる。議論の俎上に載った時点で、その権威は正統の座を失いかけている。人間によって作られた制度は、正統として本来的に機能している限り、自己隠蔽能力をもっているからである。つまり、人びとが当然の前提として寸分も疑う余地なく承認しているところ、したがって誰もそのことに思いをいたさないところにこそ、正統は存在している。だから正統をピンポイントで名指しすることは難しいのである。ヴィンケンティウスの言葉の通り、正統は「どこでも、いつでも、誰にでも信じられている」かのように存在していなければならない。事実であるかどうかはともかく、少なくともそれは「太古の昔から永遠の掟のごとく不動のものとして存在している」かのように信じられていることが枢要なのである。

すべての契約の前提

大統領に就任したトランプは、「アメリカ第一」(America First)を掲げ、外交も経済も軍事もすべて「取引」(deal)として行う、と宣言した。そのこと自体は、けっして驚くべきことでも批難すべきことでもない。率直に言えば、アメリカが自国を後回しにしてまで他国の利益を優先させたことなど、これまでにただの一度もなかったし、これからもないだろう。それはどこの国の指導者も同じで、自国の利益を第一に考えなければ、政治家としてはむしろ背任行為になる。「取引」である以上、何かを差し出し、その代わりに何かを得る。その損得を考えるプライオリティが変化した、というだけの話である。

けれども、考えねばならないのはそれだけではない。すべて「取引」は、ある当然の前提の上に成立している。それは、「約束が守られる」という前提である。「契約は守られねばならない」(pacta sunt servanda)。これは商取引に限らず、すべての契約関係について言えることである。もしこの前提が崩壊したら、取引という行為はそもそも不可能になる。再びデュルケムを引用すれば、「契約はそれ自体では自足的でない。社会から生ずる契約の規制力があってはじめて可能である」(デュルケム 二一〇頁)。

この社会の規制力こそ、信憑性構造としての正統がもつ力である。多くの契約文書には、戦争や天災といった当事者とは無関係の緊急事態が生じた場合、契約そのものが無効になるという条項が含まれている。アメリカ大統領の職にある者は、自分の取引の巧みさを自慢する前に、すべての取引をするためのもっとも基本的な前提であるこの社会的信念の体系を世界規模で維持する責任を有している。

国家間だけではない。こうした信念体系の基本的な前提が必要なのは、国内でも同じである。報道機関、投票制度、政府や議会、企業活動、貨幣制度、警察や軍隊の組織、憲法体制や司法制度など、人間の作った制度や組織は、たしかにすべてが健全な疑念の対象となろう。だが同時に、それらへのごく基本的な信頼なくして民主主義社会を営むことは、原理的に不可能である。信憑性構造としての正統は、この意味でわれわれの社会に不可欠の文化的基盤をなしている。

4　真正の異端を求めて

全体の部分となる勇気

本書は、宗教における正統の発生と展開を参照枠としつつ、政治や文化一般における正統と異端の生態を問うてきた。いずれの領域にあっても、正統は特定しがたく名状しがたく把握しがたい全体性を特徴とし、異端は明示的な要素と輪郭をもった彩度の高い主張を特徴とする。

正統と異端はまた、個と全体という社会力学の下地をもっている。公的生活への参加や連帯から切り離された個人は、たやすく操作されて全体主義に取り込まれてしまう、という指摘をしたのはアレントであった。政治権力とは別の価値軸をもつ自発的な中間団体が多元的に存在することは、民主主義下の個人の暴走を防ぎ、社会全体のレジリエンスを向上させるのに役立つだろう。

アレントの親友であった神学者パウル・ティリヒは、これを「全体の部分として生きる勇気」と表現した。現代人は、「個人として生きる勇気」のことなら十分すぎるほど知っている。だがこの勇気は、単に自分を信頼すれば自然と湧いてくる、というものではない。個人であろうとする意志を捨てることなく、かつ自分がより大きな全体の部分であることを受け入れるには、存在論的な自己肯定が必要である。個と全体を統合する勇気は、自己を超えた存在に与《あずか》ることによってのみ得られるのである。人はそこで、みずからに固有な本質を肯定し、みずからの運命を引き受けることができる。自分が有限であることを承認し、それを受け入れることができる。

ティリヒは、このような存在論的勇気の象徴的表現をアルブレヒト・デューラーの版画「騎士と死と悪魔」(本章扉)に見いだしている(ティリヒ　一七五頁)。デューラーの描く騎士は、あらゆる否定的な力に囲まれながらも、ある力に参与することによって、それらに抗して自己を肯定する勇気を得ている。彼を支えているのは、自分自身に対する信頼ではない。そのような自信は、傍らでじっと彼を凝視《ぎょうし》する死や悪魔の眼差しに絡め取られ、容易に崩れてしまうだろう。といってそれは、中世的な集団主義への埋没によって得られる信頼でもない。この騎士は、すでにそのような歴史を後にして旅立っている。彼は、怖れることなく前方を見つめ続け、注意深くではあるが信頼をもって、彼方の都を目指して前進を続ける。みずからを超えた存在の根拠に参与しているからである。

正統を襲う異端

デューラーの騎士は、魑魅魍魎《ちみもうりょう》の跋扈《ばっこ》する現代社会にあって、恥じることなく臆することなく正統を担おうとする者の姿であるとも言えよう。正統は、必ず批判勢力の攻撃に晒される。虚無の力に脅かされる。その攻撃から彼の身を護るのは、自分の武具や鎧ではなく、非存在を超克する存在の根拠への信頼である。彼は、周囲に否定の力が渦巻いていることを知っている。にもかかわらず(trotz)、彼はみずからに固有の本性を肯定する勇気をその信頼から得ているのである。

宗教改革前夜という当時の情勢からすると、ここに描かれているルター的な精神の体現者は、正統ではなくむしろ異端の側に属している、と言うべきかもしれない。だが、そういう言葉の割り振りは、ここではさして重要ではない。現在の正統を襲ってこれに成り代わろうとする異端、時満ちなば必ずや正統たらんとする異端、みずから新たな正統を担おうとする覚悟のある異端だけが、真の異端だからである。少なくともそれは、現代人好みの「なんちゃって異端」のことではない。

現代には、非正統はあるが異端はない。すでに紹介した通り、古今東西の歴史に見る真正の異端は、みな志の高い人びとである。知的に優秀で、道徳的に潔癖で、人格的に端正で、人間的に魅力のある者だけが、異端となる資格をもつ。そうでない者は、安んじて正統にとどまるがよい。

真正の異端はまた、一人よがりの正義を振り回したりはしない。デューラーの騎士は、単独ではあっても孤立はしていない。その目線はまっすぐに目的地へと向けられており、その歩みは思い上がり(ヒュブリス)とは無縁の着実さを示している。彼は、同志を募り、信頼する友をもち、共同作業を委ね、自分も分業体制の中で限定された位置をもつ。そうしてこそ、腰の据わったアイデンティティが生まれ、粘り強く理想を実現するための闘いを続けることができるのである。

そのような異端だけが、やがて正統となる。正統となったら、次は自分が新たな異端の挑戦を受ける立場となる。それに正面から応えつつ課題を担い続ける腹構えが必要である。批判されても中央にどっかと居座り続ける図太さと憎たらしさをもたねばならない。それがさらに次なる若き異端の群れを育て、鍛えることだろう。そのようにして大舞台が回り続けることが、健康な社会の徴表である。

もし現代に正統の復権が可能だとすれば、それは次代の正統を担おうとするこのような正真正銘の異端が現れることから始まる以外にない。

引用文献／参考文献

アウグスティヌス『アウグスティヌス著作集』〔著作集〕、全三〇巻、岡野昌雄・坂口昂吉・金子晴勇・小池三郎・片柳栄一他訳、教文館、一九七九年―。

荒井献編『新約聖書正典の成立』、日本基督教団出版局、一九八八年。

有賀夏紀・油井大三郎・紀平英作編『アメリカ史研究入門』、山川出版社、二〇〇九年。

ハンナ・アレント『革命について』志水速雄訳、ちくま学芸文庫、一九九五年。

ハンナ・アーレント『全体主義の起原』全三巻、大久保和郎・大島通義・大島かおり訳、みすず書房、一九七二―一九七四年(新版二〇一七年刊行)。

石田雄『丸山眞男との対話』、みすず書房、二〇〇五年。

石田雄・姜尚中『丸山眞男と市民社会』、世織書房、一九九七年。

エイレナイオス『キリスト教教父著作集第三巻Ⅰ(異端反駁Ⅲ)』小林稔訳、教文館、一九九九年。

エウセビオス『教会史(上下)』秦剛平訳、講談社学術文庫、二〇一〇年。

マックス・ウェーバー『宗教社会学』武藤一雄・薗田宗人・薗田坦訳、創文社、一九七六年。

宇野重規『保守主義とは何か――反フランス革命から現代日本まで』、中公新書、二〇一六年。

ラルフ・ウォルドー・エマソン『エマソン選集1(自然について)』斎藤光訳、一九六〇年、日本教文社。

大隅和雄・平石直昭編『思想史家 丸山眞男論』、ぺりかん社、二〇〇二年。

大貫隆・山内眞監修『新版・総説 新約聖書』、日本基督教団出版局、二〇〇三年。

小高毅『古代キリスト教思想家の世界――教父学序説』、創文社、一九八四年。

小高毅『オリゲネス』、清水書院、一九九二年。

小高毅編『原典 古代キリスト教思想史1(初期キリスト教思想家)』小高毅訳、教文館、一九九九年。

小高毅編『原典 古代キリスト教思想史2(ギリシア教父)』小高毅訳、教文館、二〇〇〇年。

小高毅編『原典 古代キリスト教思想史3(ラテン教父)』小高毅訳、教文館、二〇〇一年。

嚴錫仁《オムソギン》『東アジアにおける日本朱子学の位相――崎門学派の理気心性論』、勉誠出版、二〇一五年。

菊地達也『イスラーム教 「異端」と「正統」の思想史』、講談社選書メチエ、二〇〇九年。

フランソワ・ギゾー『ヨーロッパ文明史――ローマ帝国の崩壊よりフランス革命にいたる』安士正夫訳、みすず書房、一九八七年。

斎藤眞『アメリカ革命史研究――自由と統合』、東京大学出版会、一九九二年。

坂口ふみ『〈個〉の誕生――キリスト教教理をつくった人びと』、岩波書店、一九九六年。

佐々木力「ロシア革命をめぐる省察――革命における正統と異端」、新田義弘他編『岩波講座現代思想第一六巻(権力と正統性)』所収、岩波書店、一九九五年。

佐藤直方「學談雑録」、日本古典学会編『増訂佐藤直方全集第一巻』所収、ぺりかん社、一九七九年。

澤井啓一『山崎闇斎――天人唯一の妙、神明不思議の道』、ミネルヴァ書房、二〇一四年。

ウィリアム・ジェイムズ『宗教的経験の諸相(上下)』桝田啓三郎訳、岩波文庫、一九六九―一九七〇年。

先崎彰容『違和感の正体』、新潮新書、二〇一六年。

ヘンリー・ソロー『コンコード川とメリマック川の一週間』山口晃訳、而立書房、二〇一〇年。

田川建三『書物としての新約聖書』、勁草書房、一九九七年。

G・K・チェスタトン『G・K・チェスタトン著作集第一巻(正統とは何か)』福田恆存・安西徹雄訳、春秋社、一九七三年。

ノーム・チョムスキー『文法理論の諸相』安井稔訳、研究社、一九七〇年。

チャールズ・テイラー『今日の宗教の諸相』伊藤邦武・佐々木崇・三宅岳史訳、岩波書店、二〇〇九年。

パウル・ティリッヒ『ティリッヒ著作集第九巻(存在と意味)』大木英夫訳、白水社、一九七八年。

E・デュルケーム「社会分業論」、『現代社会学大系第二巻』所収、田原音和訳、青木書店、一九七一年。

遠山敦『丸山眞男――理念への信』、講談社、二〇一〇年。

トクヴィル『アメリカのデモクラシー』全四冊、松本礼二訳、岩波文庫、二〇〇五―二〇〇八年。

エマニュエル・トッド「展望なき世界」、朝日新聞インタビュー、二〇一六年二月一日朝刊。

ツヴェタン・トドロフ『民主主義の内なる敵』大谷尚文訳、みすず書房、二〇一六年。

エルンスト・トレルチ『トレルチ著作集』全一〇巻、高森昭・住谷一彦他訳、ヨルダン社、一九八〇―一九八六年。

モイセス・ナイム『権力の終焉』加藤万里子訳、日経BP社、二〇一五年。

ピーター・L・バーガー『聖なる天蓋――神聖世界の社会学』薗田稔訳、新曜社、一九七九年。

ピーター・L・バーガー『異端の時代――現代における宗教の可能性』薗田稔・金井新二訳、新曜社、一九八七年。

ピーター・L・バーガー、トーマス・ルックマン『現実の社会的構成——知識社会学論考』山口節郎訳、新曜社、二〇〇三年。

ルイス・ハーツ『アメリカ自由主義の伝統』有賀貞訳、講談社学術文庫、一九九四年。

A・ハミルトン、J・ジェイ、J・マディソン著『ザ・フェデラリスト』斎藤眞・中野勝郎訳、岩波文庫、一九九九年。

アドルフ・フォン・ハルナック『キリスト教の本質』深井智朗訳、春秋社、二〇一四年。

ノーマン・ヴィンセント・ピール『積極的考え方の力——ポジティブ思考が人生を変える』桑名一央・市村和夫訳、ダイヤモンド社、二〇〇三年。

蛭沼寿雄『新約正典のプロセス』、山本書店、一九七二年。

深井智朗『十九世紀のドイツ・プロテスタンティズム——ヴィルヘルム帝政期における神学の社会的機能についての研究』、教文館、二〇〇九年。

福沢諭吉『文明論之概略』松沢弘陽校注、岩波文庫、一九九五年。

K・S・フランク『修道院の歴史——砂漠の隠者からテゼ共同体まで』戸田聡訳、教文館、二〇〇二年。

ルドルフ・ブルトマン『ブルトマン著作集第一二巻(神学論文集2)』山岡喜久男他訳、新教出版社、一九八一年。

R・N・ベラー他『心の習慣』島薗進・中村圭志訳、みすず書房、一九九一年。

ペラギウス『デメトリアスへの手紙』、『中世思想原典集成4(初期ラテン教父)』所収、鎌田伊知郎訳、平凡社、一九九九年。

J・ペリカン『キリスト教の伝統――教理発展の歴史』全五巻、鈴木浩訳、教文館、二〇〇六―二〇〇八年。

堀米庸三『正統と異端――ヨーロッパ精神の底流』、中公新書、一九六四年(二〇一三年に中公文庫として刊行)。

堀米庸三『ヨーロッパ中世世界の構造』、岩波書店、一九七六年。

前田健太郎「非合理的な民主主義」、『アステイオン』、八五号、二〇一六年。

アリスター・E・マクグラス『キリスト教神学入門』神代真砂実訳、教文館、二〇〇二年。

アルベール・マチエ『革命宗教の起源』杉本隆司訳、白水社、二〇一二年。

丸山眞男『丸山眞男集』[集]、全一六巻(別巻一)、岩波書店、一九九五―一九九七年。

丸山眞男『丸山眞男講義録』[講]、全七冊(別冊二)、東京大学出版会、一九九八―二〇一七年。

丸山眞男『丸山眞男話文集』[話]、全四巻、みすず書房、二〇〇八―二〇〇九年。

丸山眞男『自由について――七つの問答』、編集グループSURE、二〇〇五年。

丸山眞男『丸山眞男集 別集第四巻(正統と異端一)』、岩波書店、二〇一八年。

カス・ミュデ、クリストバル・ロビラ・カルトワッセル『ポピュリズム――デモクラシーの友と敵』永井大輔・髙山裕二訳、白水社、二〇一八年。

ヤン゠ヴェルナー・ミュラー『ポピュリズムとは何か』板橋拓己訳、岩波書店、二〇一七年。

H・ミューラー『福音主義神学概説』雨宮栄一・森本あんり訳、日本基督教団出版局、一九八七年。

グスタフ・メンシング『宗教とは何か』下宮守之・田中元訳、法政大学出版局、一九八三年。

森本あんり「性と結婚の歴史」、関根清三編『講座 現代キリスト教倫理第二巻(性と結婚)』所収、日本基督教団出版局、一九九九年。

森本あんり『アジア神学講義――グローバル化するコンテクストの神学』、創文社、二〇〇四年。

森本あんり「歴史概念としてのアジア――神学と哲学の間に」、『創文』、二〇〇四年八月号。

森本あんり『アメリカ・キリスト教史――理念によって建てられた国の軌跡』、新教出版社、二〇〇六年。

森本あんり『アメリカ的理念の身体――寛容と良心・政教分離・信教の自由をめぐる歴史的実験の軌跡』、創文社、二〇一二年。

森本あんり『反知性主義――アメリカが生んだ「熱病」の正体』、新潮選書、二〇一五年。

森本あんり「民主主義と文民統制の反転――世界的危機としてのトランプ大統領」、『アジア時報』、二〇一六年六月号。

森本あんり「1947年の祈り」、朝日新聞「オピニオン&フォーラム」、二〇一六年五月五日朝刊。

森本あんり「ドナルド・トランプの神学――プロテスタント倫理から富の福音へ」、『世界』、二〇一七年一月号。

山崎闇斎『世界教育宝典 日本教育編第六(藤田東湖・山崎闇斎集)』小林健三校註、玉川大学出版部、一九六七年。

山崎闇斎『山崎闇斎全集』全五巻、日本古典学会編、ぺりかん社、一九七七年。

マルティン・ルター『キリスト者の自由――訳と注解』徳善義和訳、教文館、二〇一一年。

K・レーヴィット『知識・信仰・懐疑』川原栄峰訳、岩波書店、一九五九年。

和辻哲郎「日本人の宗教心について」、『和辻哲郎全集第二〇巻』所収、岩波書店、一九六三年。

＊

『聖書(口語訳)』、日本聖書協会、一九五四―一九五五年。

『カトリック教会文書資料集』[DS]、H・デンツィンガー編、A・シェーンメッツァー増補改訂、A・ジンマーマン監修、浜寛五郎訳、エンデルレ書店、一九七四年。

『カトリック教会のカテキズム』、カトリック中央協議会、二〇〇二年。

『現代カトリック事典』、ジョン・A・ハードン編著、A・ジンマーマン監修、浜寛五郎訳、エンデルレ書店、一九八二年。

『カトリック新教会法典』日本カトリック司教協議会教会行政法制委員会訳、有斐閣、一九九二年。

『一致信条書』信条集専門委員会訳、聖文舎、一九八二年。

『岩波　イスラーム辞典』大塚和夫他編、岩波書店、二〇〇二年。

＊

Adams, Becket. "Kaine on Trump vs. Khans: 'Is nothing sacred?'" *Washington Examiner*, August 4, 2016.
Adams, John. *The Works of John Adams*. Boston: Little, Brown and Co., 1856.
Aland, Kurt. *The Problem of the New Testament Canon*. London: A. R. Mowbray, 1962.
Bousset, Wilhelm. *Kyrios Christos: A History of the Belief in Christ from the Beginnings of Christianity to Ire-*

naeus. Translated by John E. Steely. Nashville: Abingdon Press, 1970.

Brundage, James A. *Law, Sex, and Christian Society in Medieval Europe*. Chicago: The University of Chicago Press, 1987.

Emerson, Ralph Waldo. *The Collected Works: Volume I: Nature, Addresses, and Lectures*. Cambridge, MA.: The Belknap Press of Harvard University Press, 1971.

Emerson, Ralph Waldo. "Thoreau," *The Atlantic Monthly*, Vol. 10, No. 58 (August 1862). Reprinted in Joel Myerson, ed., *Emerson and Thoreau: The Contemporary Reviews*. Cambridge: Cambridge University Press, 1992.

Haldane, John. "Scotland's Gift: Philosophy, Theology, and the Gifford Lectures." *Theology Today*, Vol. 63, Issue 4 (2007).

Haraszti, Zoltan. *John Adams & the Prophets of Progress*. Cambridge, MA.: Harvard University Press, 1952.

Levy, Ian Christopher. "Was John Wyclif's Theology of the Eucharist Donatistic?" *Scottish Journal of Theology*, Vol. 53, Issue 2 (2000).

Lowell, J. R. Letter quoted in Marcus Cunliffe, *The Literature of the United States*. Baltimore, MD.: Penguin Books, 1954.

Metzger, Bruce M. *The Canon of the New Testament: Its Origin, Development and Significance*. Oxford: Clarendon Press, 1987.

Moll, Sebastian. *The Arch-Heretic Marcion*. Tübingen: Mohr Siebeck, 2010.

Morgan, Edmund S., ed. *Puritan Political Ideas 1558-1794*. Indianapolis, IN.: Bobbs-Merrill, 1965.

Morimoto, Anri. “Contextualised and Cumulative: Tradition, Orthodoxy and Identity from the Perspective of Asian Theology,” *Studies in World Christianity*. Edinburgh University Press, Vol. 15, No. 1 (April 2009).

Morimoto, Anri. “Asian Theology in the Ablative Case,” *Studies in World Christianity*. Edinburgh University Press, Vol. 17, No. 3 (December 2011).

Moxon, Reginald Stewart. “Introduction” to *The Commonitorium of Vincentius of Lerins*. Cambridge: Cambridge University Press, 1915.

Niebuhr, Reinhold. *Man's Nature and His Communities*. New York: Charles Scribner's Sons, 1965.

O'Connor, Patrick. “Poll Finds Widespread Economic Anxiety,” *The Wall Street Journal*. August 5, 2014.

Ott, Craig and Harold A. Netland, eds. *Globalizing Theology: Belief and Practice in an Era of World Christianity*. Grand Rapids, MI.: Baker Academic, 2006.

Percival, Henry R., ed. *The Seven Ecumenical Councils of the Undivided Church*. Philip Schaff and Henry Wace, eds. *Nicene and Post Nicene Fathers*, 2nd series, Vol. XIV. Reprint; Grand Rapids, MI.: William B. Eerdmans, 1988.

Pierson, George Wilson. *Tocqueville in America*. Garden City, NY.: Anchor Books, 1959.

Wainwright, Geoffrey. *Doxology: The Praise of God in Worship, Doctrine and Life*. New York: Oxford University Press, 1980.

あとがき

本書の原稿を書き上げた後、大学の用務でモロッコを訪れる機会があった。わたしには初めての経験だったが、アフリカといえば「熱く乾いた自然の大地」などという月並みな連想は、カサブランカ空港に着いてすぐに吹き飛んでしまった。外に広がっていたのは、しっとりと雨に濡れた豊かな緑の草原であったし、そこから五時間ほど車に揺られて到着した大学町は、雪の残る山あいの瀟洒《しょうしゃ》なリゾート地であった。

だが、それらにも増して大きな衝撃を受けたのは、それまで自分が書いてきた長い歴史の物語が、何世紀も飛び越えて一挙に目の前の現実と繋がってゆく、という発見であった。この地方の主要民族であるベルベル人は、七世紀以降今日に至るまでイスラム世界の一角を構成しているが、その彼らこそ本書第六章で主役をつとめてくれた「ドナティスト」の末裔なのである。厳格なキリスト教の一派であった彼らがどのようにしてイスラム化していったのか、その間をつなぐベルベル人固有の精神性の特徴は何かなど、尽きない興味をかき立てられる遭遇の体験であった。

ドナティスト運動は、当時アフリカ北部一帯に触手を伸ばしていたローマ帝国の覇権に対する反体制運動の性格を有していた(本書一四二頁参照)。当時の被支配民族であったベルベル人がその主たる担い手であったこと、また彼らの運動に力を与えたのがローマ的な正統に対する異端的精神の発露であったことも、それでよく理解できる。現在も北アフリカは、政治経済から文化芸術に至るまで、ヨーロッパ文化の影響を色濃く滲《にじ》ませているが、そこにも微妙な受容と反発の影が宿っている。

周辺地域には、ローマ時代の遺跡もある。沿岸国とはいえ、遺跡があるのは海岸部から遠く離れた田園の中である。のどかに広がる鄙《ひな》びた土地を進み、行く手に忽然と大理石で造られた古代都市跡が立ち現れるのを見たときには、何とも言えない歴史の厚みに圧倒される思いであった。かつて栄華を極め、今緑陰に眠るその廃墟は、幾層にも重なる文化の営みの中で、残るものと消えるもの、見えるものと見えないもの、表に浮上するものと背後に沈むもの、という対比を鮮やかに示してくれる。

本書執筆の直接の出発点となったのは、トランプ大統領の出現という二一世紀的な出来事であったが、こうして新たな視角を与えられてみると、問題設定そのものはローマ時代からキリスト教やイスラム教の時代を経た二千年ほどの歴史に通底していることがわかる。

ちなみに、モロッコは一七七七年に世界ではじめてアメリカ合衆国を承認した国である。ときの君主ムハンマド三世は、現在も続くアラウィー朝のスルタンだが、欧米との友好通商に積極的で、大陸会議が送った植民地代表に独立の承認を伝えた。これが諸外国の承認という流れを一気に加速させるきっかけとなったのである。日本から見ると気づきにくいことだが、両国は海を隔てた隣国同士でもある。

*

本書は、朝日新聞出版発行の文芸誌『小説トリッパー』に連載した「権威の蝕――正統の復権は可能か」(二〇一六年春号から二〇一七年冬号まで全八回)を素材とし、これに大幅な改筆を加えてまとめたものである。同社編集部の大崎俊明氏には、毎回の締切ごとに最初の読者として大きな励ましをいただいた。懐かしさと感謝ばかりの記憶である。新書化に際して多くの註を整理したので、詳細については同連載をご覧いただきたい。また第七章には、既刊『アメリカ的理念の身体』(創文社、二〇一二年)「結章」部分の議論を一部改筆の上再録した。終章のポピュリズム論は、二〇一七年一一月の社会思想史学会シンポジウムにおける発題原稿を下敷きにしている。単行本化にあたっては、岩波書店編集部の堀由貴子氏に特にお世話になったことを記し、感謝を申し上げたい。

なお、校正段階で『丸山眞男集　別集第四巻(正統と異端一)』(岩波書店、二〇一八年)を入手した。没後二〇年を経てなお続けられる編集作業の膨大な努力には敬服するばかりだが、もう少し早く読んでいたら、本論の補強としてさらに参看し引用することができたと思われる箇所がいくつか見いだされた。今後の議論の発展に期待したい。

日本に真正の異端が生まれ、その中から腹の据わった新たな正統が生まれることを願いつつ、筆を擱く。

森本あんり

二〇一八年六月

森本あんり

1956年神奈川県生まれ．プリンストン神学大学院博士課程修了(Ph.D.)．
現在－国際基督教大学(ICU)教授(人文科学)
専攻－神学・宗教学
著書－『ジョナサン・エドワーズ研究――アメリカ・ピューリタニズムの存在論と救済論』(創文社)，『アメリカ的理念の身体――寛容と良心・政教分離・信教の自由をめぐる歴史的実験の軌跡』(創文社)，『反知性主義――アメリカが生んだ「熱病」の正体』(新潮選書)，『宗教国家アメリカのふしぎな論理』(NHK出版新書)，『キリスト教でたどるアメリカ史』(角川ソフィア文庫)ほか

異端の時代
――正統のかたちを求めて　　岩波新書(新赤版)1732

2018年8月21日　第1刷発行
2022年2月15日　第5刷発行

著　者　森本《もりもと》あんり

発行者　坂本政謙

発行所　株式会社 岩波書店
〒101-8002 東京都千代田区一ツ橋2-5-5
案内 03-5210-4000　営業部 03-5210-4111
https://www.iwanami.co.jp/

新書編集部 03-5210-4054
https://www.iwanami.co.jp/sin/

印刷製本・法令印刷　カバー・半七印刷

ISBN 978-4-00-431732-6　　Printed in Japan

岩波新書新赤版一〇〇〇点に際して

ひとつの時代が終わったと言われて久しい。だが、その先にいかなる時代を展望するのか、私たちはその輪郭すら描きえていない。二〇世紀から持ち越した課題の多くは、未だ解決の緒を見つけることのできないままであり、二一世紀が新たに招きよせた問題も少なくない。グローバル資本主義の浸透、憎悪の連鎖、暴力の応酬——世界は混沌として深い不安の只中にある。

現代社会においては変化が常態となり、速さと新しさに絶対的な価値が与えられた。消費社会の深化と情報技術の革命は、種々の境界を無くし、人々の生活やコミュニケーションの様式を根底から変容させてきた。ライフスタイルは多様化し、一面では個人の生き方をそれぞれが選びとる時代が始まっている。同時に、新たな格差が生まれ、様々な次元での亀裂や分断が深まっている。社会や歴史に対する意識が揺らぎ、普遍的な理念に対する根本的な懐疑や、現実を変えることへの無力感がひそかに根を張りつつある。そして生きることに誰もが困難を覚える時代が到来している。

しかし、日常生活のそれぞれの場で、自由と民主主義を獲得し実践することを通じて、私たち自身がそうした閉塞を乗り超え、希望の時代の幕開けを告げてゆくことは不可能ではあるまい。そのために、いま求められていること——それは、個と個の間で開かれた対話を積み重ねながら、人間らしく生きることの条件について一人ひとりが粘り強く思考することではないか。その営みの糧となるものが、教養に外ならないと私たちは考える。歴史とは何か、よく生きるとはいかなることか、世界そして人間はどこへ向かうべきなのか——こうした根源的な問いとの格闘が、文化と知の厚みを作り出し、個人と社会を支える基盤としての教養となった。まさにそのような教養への道案内こそ、岩波新書が創刊以来、追求してきたことである。

岩波新書は、日中戦争下の一九三八年一一月に赤版として創刊された。創刊の辞は、道義の精神に則らない日本の行動を憂慮し、批判的精神と良心的行動の欠如を戒めつつ、現代人の現代的教養を刊行の目的とする、と謳っている。以後、青版、黄版、新赤版と装いを改めながら、合計二五〇〇点余りを世に問うてきた。そして、いままた新赤版が一〇〇〇点を迎えたのを機に、人間の理性と良心への信頼を再確認し、それに裏打ちされた文化を培っていく決意を込めて、新しい装丁のもとに再出発したいと思う。一冊一冊から吹き出す新風が一人でも多くの読者の許に届くこと、そして希望ある時代への想像力を豊かにかき立てることを切に願う。

（二〇〇六年四月）

現代世界

岩波新書より

福祉・医療

環境・地球

情報・メディア

宗教

最澄と徳一 仏教史上最大の対決 師茂樹
ブッダが説いた幸せな生き方 今枝由郎
ヒンドゥー教10講 赤松明彦
東アジア仏教史 石井公成
ユダヤ人とユダヤ教 市川裕
初期仏教 ブッダの思想をたどる 馬場紀寿
内村鑑三 悲しみの使徒 若松英輔
トマス・アクィナス 理性と神秘 山本芳久
アウグスティヌス 「心」の哲学者 出村和彦
パウロ 十字架の使徒 青野太潮
弘法大師空海と出会う 川﨑一洋
高野山 松長有慶
マルティン・ルター 徳善義和
教科書の中の宗教 藤原聖子

『教行信証』を読む 親鸞の世界へ 山折哲雄
国家神道と日本人 島薗進
聖書の読み方 大貫隆
親鸞をよむ◆ 山折哲雄
日本宗教史 末木文美士
法華経入門 菅野博史
中世神話 山本ひろ子
イスラム教入門 中村廣治郎
ジャンヌ・ダルクと蓮如 大谷暢順
蓮如 五木寛之
キリスト教と笑い 宮田光雄
密教 松長有慶
仏教入門 三枝充悳
モーセ 浅野順一
日本の新興宗教 高木宏夫
イスラーム(回教) 蒲生礼一
背教者の系譜 武田清子
聖書入門 小塩力
イエスとその時代 荒井献

慰霊と招魂 村上重良
国家神道 村上重良
お経の話 渡辺照宏
死後の世界 渡辺照宏
日本の仏教 渡辺照宏
仏教〔第二版〕 渡辺照宏
禅と日本文化 鈴木大拙 北川桃雄訳

岩波新書/最新刊から

1903 **江戸の学びと思想家たち** 辻本雅史 著

〈知〉を文字によって学び伝えてゆく「教育社会」が個性豊かな江戸思想を生んだ。〈学び〉と〈メディア〉からみわたす思想史入門。

1904 **金融サービスの未来** —社会的責任を問う— 新保恵志 著

金融機関は社会の公器たり得ているのか？徹底した利用者目線から、過去の不祥事を検証し、最新技術を解説。その役割を問い直す。

1905 **企業と経済を読み解く小説50** 佐高信 著

疑獄事件や巨大企業の不正を描いた古典的名作から、二〇一〇年代に刊行された傑作まで、経済小説の醍醐味を伝えるブックガイド。

1907 **うつりゆく日本語をよむ** —ことばが壊れる前に— 今野真二 著

安定したコミュニケーションを脅かす、「壊れかけたことば」が増えている。日本語の今に私たちの危機を探り、未来を展望する。

1908 **人の心に働きかける経済政策** 翁邦雄 著

銀行取付、バブル、貿易摩擦、異次元緩和などを題材に、行動経済学の成果を主流派のマクロ経済学に取り入れた公共政策を考える。

1909 **幕末社会** 須田努 著

動きだす百姓、主張する若者、個性的な女性—幕末維新を長い変動過程として捉え、先の見えない時代を懸命に生きた人びとを描く。

1910 **民俗学入門** 菊地暁 著

普通の人々の日々の暮らしから、「人間にかかわることすべて」を捉える。人々の歴史から世界を編みなおす、「共同研究」への誘い。

1911 **俳句と人間** 長谷川櫂 著

生老病死のすべてを包み込むことができる俳句の宇宙に、癌になった俳人があらためて向き合う。「図書」好評連載、待望の書籍化。

(2022. 2)